子どもも大人も混ざり合う
児童発達支援×保育所等 の併設で創る
インクルーシブ
保育

社会福祉法人どろんこ会　著

中央法規

はじめに

「今まで」を「コレから」に行動修正するのはまさに今だ!

　インクルーシブ保育を始めたい…とお考えの皆さん、今までのやり方をそんな急には変えられない……きっと誰もがそう思っているはず。

　2022年11月の厚生労働省による省令改正(保育園と児童発達支援事業所の双方が施設を共用できるようになったこと)、2023年3月の東京都による発表(保育園と児童発達支援事業所を併設する場合の区画壁の設置が義務でなくなったこと)、これらの出来事は、1951年から続いている保育制度[1]や1942年から続く療育[2]の概念を大きく変える、まるで飛脚が宅配便に変わったくらいの歴史的ニュースです。なんといっても、私たちが担う保育・教育・支援は、子どもたちの人格形成や未来だけでなく、この国の未来に大きな影響を与える責任の重い仕事です。8〜9%存在する[3]といわれる「気になる子」や医療的ケア児を今までのように守り分け、特別に扱うことをこの先もずっと続けてゆくのか、今までのやり方を変えることを先延ばしにするか、それともしないのか、重要で必要な検討と決断をするときがやってきたのです。

[1] 1951年6月「児童福祉法」改正　[2] 1942年に高木憲次氏が「医療」と「育成(教育)」を意味する「療育」という言葉を発表
[3]「通常の学級に在籍する特別な教育的支援を必要とする児童生徒に関する調査結果」(文部科学省、2022)によると、小学校・中学校の通常学級における学習面または行動面で著しい困難を示す児童生徒の割合は8.8%

全員で膝を突き合わせてベクトルをそろえる!

　先延ばしにしないで今やると決断した施設は、次のステップとして、「どうすればできるか」を思考し、行動していくことが必要になります。施設にはキャリアも年齢も、これまで学んできた仕事のやり方も異なる職員がそれなりの人数います。ここで外してはならないのは、施設長が「この施設をどういう姿にするのか」を、全職員に自分の言葉で、心が動く温度感で説明すること。次に、「その姿に近づくために何が障壁になるのか」「障壁をクリアするためには今のやり方のどこを変える必要があるか」「具体的に何をどう変えるか」「いつから変えるか」を話し合い決め切ること(合意形成)。ここまでできれば、あとは「走りながら考える」のみです。このステップを確実に丁寧に踏むことこそが、インクルーシブ保育を始める大切なポイントなのです。

　本書では、どろんこ会がどのようにインクルーシブ保育を実践しているのか、実際の保育内容から施設整備まで詳らかにしましたが、インクルーシブ保育は「ただ施設を建てただけ」では絶対に進みません。なぜインクルーシブ保育が必要なのか。施設の全職員が理解し、思いを一つにして進めていくことが何より大事なのです。

　この本を手に取ってくださった方にとって、本気のインクルーシブ保育・教育の一歩目を踏み出す一助になれば幸いです。

社会福祉法人どろんこ会 理事長　安永愛香

CONTENTS

はじめに …………………………………………………………… 3

第1章 インクルーシブ保育とは何か

インクルーシブ保育を実践する併設施設 ……………………… 8

インクルーシブ保育を支える基本の考え方❶ 混ざり合う ………… 10

インクルーシブ保育を支える基本の考え方❷ 「療育」という言葉は使わない ………… 12

インクルーシブ保育を支える基本の考え方❸ 頼り合い、手を差し伸べ合う ………… 14

インクルーシブ保育を支える基本の考え方❹ 大人が背中を見せる ………… 16

併設施設の園舎・園庭 …………………………………………… 18

異年齢保育・ゾーン保育 ………………………………………… 22

保護者に寄り添う支援 …………………………………………… 24

乳幼児とともに過ごす放課後等デイサービス・学童保育 ……… 26

幼保小連携の模索 ………………………………………………… 28

地域子育て支援の役割 …………………………………………… 30

どろんこトーク❶ 社会福祉法人どろんこ会 理事長 安永愛香 ………… 32

第2章 多様性を認め・支え合う どろんこ会の生活

1日の保育・年間の保育 ………………………………………… 36

朝の日課 …………………………………………………………… 40

外遊び ……………………………………………………………… 42

室内遊び …………………………………………………………… 48

生き物とのかかわり ……………………………………………… 52

畑仕事・田植え・稲刈り ………………………………………… 56

縁側で食べるバイキング給食 …………………………………… 60

どろんこトーク❷ どろんこ会の食を支える食育プランナー ………… 64

行事 ………………………………………………………………… 66

どろんこトーク❸ インクルーシブ保育を支える保育士・専門士 ………… 72

どろんこトーク❹ 保護者が語るインクルーシブ保育の魅力 ………… 74

第3章 インクルーシブ保育を可能にする働く環境づくり

意識改革❶ 「分けない」意識をつくる …………………………… 78
意識改革❷ 保育と児童発達支援の違いを知る ……………… 80
意識改革❸ 全ての大人が全ての子どもを育てる ……………… 82
意識改革❹ 個を見る専門性を集団でも生かす ……………… 84
仕組みづくり❶ 理念の共有と年間計画の策定 ……………… 86
仕組みづくり❷ シフトの見える化 ……………………………… 90
仕組みづくり❸ 双方支援を実現させるための学び合い ……… 92
仕組みづくり❹ 学んで教えて、また学ぶ …………………… 94
どろんこトーク❺ 併設施設の施設長 ………………………… 96

第4章 インクルーシブ保育施設をつくるには

併設施設のタイプ ……………………………………………… 100
併設施設をつくるための基礎知識❶ 国・自治体の動き ……… 102
併設施設をつくるための基礎知識❷ 手続きについて ………… 106
併設施設をつくるための基礎知識❸ お金について …………… 108
実例❶ 認可園の空きスペース転用 …………………………… 110
実例❷ 児童発達支援センターの民営化 ……………………… 114
実例❸ 保育園・児発・放デイ・学童の併設 ………………… 116
スペシャルトーク インクルーシブ保育の専門家から見たどろんこ会の保育 ……… 118

インクルーシブ保育問答集 …………………………………… 120

療育はいつ行うのですか？／子どもどうしのトラブルや保護者からのクレームはありませんか？
インクルーシブ保育は通常の療育よりできるようになることが増えますか？
インクルーシブ保育では活動や行事など、できることが限られませんか？
保育園と児童発達支援事業所の職員が衝突しがち。どうしたらよいでしょうか？
職員の話し合いの時間をどうやってつくっていますか？
保育園と児童発達支援事業所の施設長がうまくいくためにはどうすればよいですか？
障害のない子にとって、インクルーシブな環境のよさとは何でしょうか？

第 1 章

インクルーシブ保育とは何か

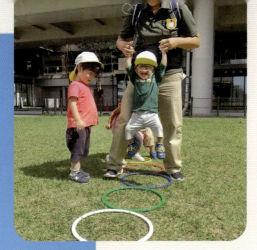

最近耳にする機会が増えた
「インクルーシブ」という言葉。
性別、人種、国籍、経済状況、
宗教、障害の有無で排除せずに
全ての人が共生する状態を指します。
保育や教育の現場でも、
全ての子どもがともに育ち学び合う
インクルーシブであることが求められています。
インクルーシブ保育を実践するために
基本となる考え方、制度について
どろんこ会の取り組みをもとに紹介します。

第1章 インクルーシブ保育とは何か

インクルーシブ保育を実践する併設施設

保育所と児童発達支援事業所等は施設共用が認められている

　どろんこ会は1998年の第1号園開園以来、障害のある子を積極的に受け入れてきました。障害の有無、年齢の違いにかかわらず、全ての大人が全ての子どもを育てる施設とするため、認可保育所と児童発達支援事業所を一つ屋根の下にして、インクルーシブ保育やインクルーシブ教育を実践する併設施設を2015年に初めて開設しました。以来、全国でこの取り組みを推進し、計画的に併設施設を増やし続けています。

　一般的に、保育所は自治体の保育課が管轄する施設であり、児童発達支援事業所や児童発達支援センターは障害者・福祉関係課が管轄する施設で、担当課が異なります。しかし、**2022年11月に厚生労働省が改正省令を公布し、保育所と児童発達支援事業所の双方が施設を共用できるようになったことから、併設型の設置が可能になりました（2023年4月施行）。**

　それぞれに施設長をはじめ職員の配置や設備の規定などがありますが、東京都では「保育所と児童発達支援事業所を壁で区画する必要はない」と説明されたため、単に同じ敷地にふたつの施設が建っているだけではない、完全に混ざり合うインクルーシブ保育施設を設置できるようになりました。併設型ではほかに、小学生以上が利用する放課後等デイサービスや、学童保育などが含まれることもあります。

地域子育て支援拠点

地域で乳幼児を育てる保護者が子どもとともに訪れ、交流や育児相談ができる場所。公共施設や保育園、児童館など地域の身近な場所の中に設置されることが多いです。どろんこ会では運営する保育園内で地域子育て支援「ちきんえっぐ」を運営しています。

全てのどろんこ会の保育施設で実施

児童発達支援事業所

未就学の障害児が通所し、日常生活での基本動作、集団生活になじむために必要なコミュニケーションなどを学ぶ場です。支援はそれぞれの発達や特性に合わせた内容で行われ、地域の幼稚園や保育所、小学校とも連携をとっています。

どろんこ会の主な併設施設
- 発達支援つむぎ 八山田ルーム
- 発達支援つむぎ 香取台ルーム　など

児童発達支援センター

地域の中核的な発達支援機関として、通所児童と家庭の支援を行うほか、高い専門性を生かし、地域の児童発達支援事業所のサポートや保育所などへの訪問支援事業、発達支援の入口として幅広い相談対応なども行います。

どろんこ会の主な施設
- 子ども発達支援センターつむぎ 東大和
- 子ども発達支援センターつむぎ 浦和美園

第1章

保育所

児童福祉法に基づいて、保育を必要とする子どもに対して保育を行い、その健全な心身の発達を図ることを目的とする児童福祉施設。0歳から小学校就学前の乳幼児に対して「養護及び教育を一体的に行うこと」を特性としています。

放課後等デイサービス

就学しており、障害のある児童・生徒に対し、放課後や休日に、生活能力の向上のために必要な支援などを行う施設です。支援の内容は子どもの状況に応じて変わりますが、学校や家庭とは違った空間や時間、体験を通じて、集団の中での育ちを促します。

どろんこ会の主な併設施設
- 発達支援つむぎ 香取台ルーム
- 発達支援つむぎ 武蔵野ルーム など

学童保育

正式名称は放課後児童健全育成事業。地域によって放課後児童クラブ、学童クラブなど名称は変わります。小学校に就学している児童を、放課後や長期休暇中に受け入れ、遊びや生活の中での支援を行います。

どろんこ会の主な併設施設
- 香取台どろんこ学童保育室
- 日高どろんこ学童保育室

第1章 インクルーシブ保育とは何か

インクルーシブ保育を支える基本の考え方❶
混ざり合う

個を認め混ざり合うのが本来のインクルーシブ保育

　日本における障害児の保育は、永らく健常児とは分ける、加配保育士をつける、特別に扱うという形で進んできました。就学後の特別支援教育でも同じことがいえます。こうして必要以上に守られ、分けられることが、障害のある子の生きる力を育てる機会を奪い、成人しても社会参画や自立が難しい状況をつくりだしています。

　障害の有無にかかわらず自分の力で生きていくためには、**自分の思いを伝える力、その思いが伝わらずぶつかったときに自分の気持ちをコントロールできる力を身につけていく必要があります**。それらは現状のように、いわゆる健常児とは分離して、特別扱いをした環境において「療育」を受けなければ身につかないものなのでしょうか。

　どろんこ会でもかつては「療育」を行っていましたが、今は「療育」を終了しています。障害のある子もない子もともに生活する中で十分にその力がつくと考えています。時にはトラブルを体験し、自分の気持ちに向き合い、折り合いをつけることを学んでいくのです。「療育」のために整えられた環境ではなく、やがて子どもたちが出ていく社会と同じように多様な人間とかかわる環境での体験は、子どもたちの支えになります（どろんこ会における「療育」の考え方→P.12）。

トラブルも大切な学びに

水遊びでは、水をかけられて平気な子、そうでない子がいるため、楽しんで遊んでいる中で、トラブルになることもあります。職員はあえて止めることはせず、その行方や葛藤を見守ります。

水をかけられて泣き出してしまった子。このような経験を通じて「水をかけても平気な子とそうでない子がいる」こと、相手にも気持ちがあることを学んでいきます。

「枠」がないから支え合える

障害の有無だけでなく、年齢でも区別をしないのがどろんこ会の保育の特徴です。だからこそ、年齢は違っても発達に合わせて自然と一緒にかかわり合います。発達がゆっくりな子も、自分よりも年齢が低い子に対しては助ける立場にもなれるのです（異年齢保育→P.22）。

インクルーシブポイント

自分より年下の子をサポートしている「つむぎ（発達支援）」に通う子。普段は助けられることの多い子が、自分が助ける側になる経験をたくさんすることができます。このような経験は自己肯定感を育むことにもつながります。

「支援が必要ない子」はいない

子どもは一人ずつ個性が違うものです。何の支援も必要ない子はおらず、一人ひとりに適切な支援をしていくことが保育の営みです。障害の有無にかかわらず、保育の姿勢は同じなのです。

ある日の出来事

「あの子は、それでいいんだよ」

つむぎ利用　Aさん（5歳）、
保育園児　Bさん（5歳）

Bさんと妹を園に通わせている保護者のお話です。併設のつむぎを利用するAさんは5歳ですがおむつをしています。Bさんの妹が「Aちゃんは5歳なのにまだおむつがとれないんだよね」と言ったところ、Bさんは「Aちゃんはそれでいいんだよ、みんな同じじゃなくていいんだよ」とごく自然に語りかけたそうです。Bさんの言葉を聞いて、保護者は子どもたちがお互いを認め合える環境にあることを感じたそうです。

第 1 章 インクルーシブ保育とは何か

インクルーシブ保育を支える基本の考え方❷
「療育」という言葉は使わない

日々の生活こそが「支援」

どろんこ会の併設園を見学して、障害の
ある子とそうでない子が混ざり合って生活
をすることが、全ての子どもにとってプラス
になると理解された方でも「障害のある子に
対して療育はいつするのですか?」と尋ねる
ことは珍しくありません。

**どろんこ会では「療育」という言葉を使
いません。また、発達障害を治療すべき
病気ともとらえていません。**「療育」という
言葉は、1942年に高木憲次氏が提唱し
た言葉です。例えば、発達障害の治療と
して、かつては個室で、使用する教材を

大人が指定して、一定時間机や椅子(席)
につく練習を行ったり、専門士※が保護者
の相談に乗りながら、体の使い方・舌の
使い方・発語の促進を個別に支援したり
していました。

しかし、発達障害が病気ではないと明ら
かとなった今、どろんこ会では障害を治す
という意味での治療や訓練はしなくてよいと
いうことを保育士・専門士が理解し、一人
ひとりの子どもに今、行うべき支援を考え
て行動し、必要な経験を日々の生活の中で
保障しています。

※本書での「専門士」とは、児童発達支援および放課後等デイサー
ビスに従事する福祉専門職員を指します。

Q&A

Q 「つむぎ」の子どもだけで
過ごす時間は全くないのですか?

A 基本的にはありませんが、必要に
応じて個別に支援をしています

つむぎを利用する子どもたちの中には、体の特
定の部位の使い方に得手・不得手があったり、
発達がゆっくりな子がいたりします。言語聴覚
士や作業療法士などの専門士が、舌の使い方
や手足の使い方など個別に支援しています。こ
うした個別支援の時間はなるべく夕方や土曜日
に行うよう配慮し、平日の昼間は太陽の下や
戸外で本物の経験を得ながらさまざまな子ども
や大人たちと過ごすことを基本としています。

インクルーシブポイント

友だちと一緒に築山で水を流すのが楽しいから、重いたらいの持ち方やどうしたらこぼさないで運べるのかを遊びの中で自ら工夫して学びます。その工夫が体を使うことにつながります。

失敗も楽しみながら遊びこむ

自分で「やりたい」と思った遊びを実現するためなら、難しく思えることもクリアできるものです。遊びが実現することで「できた！」という達成感を味わうことができ、次なるチャレンジにもつながります。

戸外で遊びを通じてできる発達支援

発達支援は室内でなくともできます。室内で巧技台を使って上り下りする運動を大人の指示のもとで行うのと、子どもが「築山の上から水を流してみたい」と思って築山を登り降りをするのとではどちらが楽しめるでしょうか。どろんこ会では遊びや生活の中で子どもに必要な支援を行うことを大切にしています。

ある日の出来事

ふとしたことがきっかけで仲間に

保育園児
Cさん（5歳）、Dさん（5歳）

衝動性が強いCさん。入所したばかりで信頼関係がなかなか築けずにいました。ある日、CさんとDさんが築山の登り降りを楽しんでいました。いつしか二人は目が合うようになり、気がつけば手をつなぎ、一緒に歩調を合わせ、互いの速度を調整するかのように笑いながら築山を駆け降りてくる姿がありました。大人が何かをさせるのではなく、十分な時間と空間をつくることが大事だと気づかされた1コマでした。

第1章

第1章 インクルーシブ保育とは何か

インクルーシブ保育を支える基本の考え方❸
頼り合い、手を差し伸べ合う

それぞれの得意・不得意を知り助け合う

　発達支援を利用することで、子どもが「できること」が増えると期待される保護者も多いです。実際に併設施設に通ううちに、それまでできなかったことができるようになる姿は多く見られます。ですが、併設施設に通ってインクルーシブな環境で生活することの本当の意味はそこではありません。

　障害の有無にかかわらず、できないこと、苦手なことは誰にでもあります。**乳幼児期から好きなこと・得意なことを探索し、知る経験をたくさんしたうえで、自分の不得意なことについては「助けてほしい」と伝えられるような経験を積み重ねる**ことが大事なのではないでしょうか。

　子どものうちに、まわりに助けを求める力をもっておくこと、そしてまわりに助けてもらう体験をしておくことは、人とつながっていくために必要です。

自分で経験して
自分の「好き・嫌い」を知る

障害のある子は、苦手そうなもの、嫌がりそうなものを最初から除かれた環境を整えられがちです。しかしそれよりも、いろいろなものが手の届く範囲にある環境で「これが好き、これは嫌い」と自分で気づいて、判断する過程が重要ではないでしょうか。

第1章

異年齢で広がる関係性

クラス別の保育と比べると、異年齢保育ではより多くの子どもどうしのかかわりが生まれます。得意を生かし、苦手をカバーするために子どもどうしが頼り合い、手を差し伸べ合うどろんこ会のインクルーシブ保育において、異年齢保育は不可欠な要素の一つです。

インクルーシブポイント

緑の多い園庭には、小さな生き物がたくさんいます。「虫」という共通の好きなものを見せ合うなど、子どもたちは自然に交流を深めていきます。

ある日の出来事

異年齢だからこそ生まれるかかわり

保育園児
Eさん（4歳）、Fさん（4歳）、Gさん（5歳）

仲良しのEさん、Fさん。「かけっこやりたい！」と運動会に向けて走る姿がありました。何度走ってもFさんが勝ち、とうとうEさんは泣き出してしまいました。職員はその様子を見守りつつも、このときはあえて言葉をかけませんでした。Eさんはあきらめずにトライしましたが最後まで勝てませんでした。その日の給食の時間、「運動会やりたくない」と打ち明けたEさんに対し、「勝つことよりも最後まで走ることが大事なんだよ」と年長児のGさんがかけた言葉に目を丸くしたEさん。どんな励ましよりも仲間の言葉が響くのだと実感しました。

第 1 章 インクルーシブ保育とは何か

インクルーシブ保育を支える基本の考え方 ❹
大人が背中を見せる

大人が背中を見せることで子どもたちに伝わる

　保育の現場では、ともすれば子どもたちに「静かにして！」「こっちに集まって！」と保育者が指示を出すことが当たり前になりがちです。インクルーシブ保育に限らず、子どもたちを言葉だけで動かすことは、子どもが自分で考えて判断すること、つまり子どもたちの「生きる力」を奪うことになりかねません。では、どのように伝えたらよいのでしょうか。それは、大人が背中を見せることだと、どろんこ会は考えています。

　大人が楽しむ姿を見せることで、子どもたちも「何をしているのかな」と興味をもち、「一緒にやってみたい」という気持ちになり、ともに試行錯誤しながら遊ぶようになります。

　一方、あやとりや歌などの遊び方、針仕事など道具の使い方、火との距離の取り方などは、実際に大人がやって見せ、教えてあげないと子どもたちは知ることができません。大人から教わることで「生活力」が身についていきます。そのため保育者は、「見守るだけでは子どもの生活力を育てることはできない」ということを肝に銘じなければならないのです。

子どもの「生活力」を育てるのは職員

　子どもたちに危険がないように、また、どんなかかわりをもちながら遊んでいるかの観察も大切ですが、職員が楽しみながら遊び方を示すことも、子どもの遊びを広げるきっかけになります。「遊んでみない？」と言葉をかけるだけでは子どもは動きません。

入園したての子どもたちは、泥遊びもまだ遠慮がち。職員自ら泥まみれになって遊んでいると、子どもたちは自然と集まってきます。

職員もはだし！

園舎内でも園庭でもはだしで生活するのがどろんこ保育園の特徴です。土踏まずの形成を促し、足指でしっかりと大地をつかむ力を身につけます。子どもだけでなく職員もはだしで過ごします。

どろんこ保育園の園庭は豊かな芝生に覆われています。芝生の上をはだしで歩くのは、心地よいものです。

インクルーシブポイント

施設長は保育園、児童発達支援事業所それぞれに任命することが義務づけられています。職員どうしがインクルーシブであることに加え、施設長どうしがよいパートナーであることが併設施設の運営の肝にもなります（→P.126）。

職員どうしもインクルーシブに

併設施設では、保育園の保育士も児童発達支援事業所の専門士も、ともに区別なく保育にかかわります。職員室でも保育士、専門士関係なくコミュニケーションをとり、子どもたちの情報を共有します。

第 1 章 インクルーシブ保育とは何か

併設施設の園舎・園庭

園舎も園庭も一人ひとりがやりたいことを選べる空間に

　どろんこ会の併設施設は、基本的に入口、玄関を一つにしています。保育室と支援室も壁で隔てることなく、大きな一つの部屋であることが特徴です。職員室も保育園と児童発達支援事業所等で分けることはありません。

　さらに、園舎でも園庭でも、「ここで遊びましょう」と大人が場所を決めることはまずありません。**子どもたちがどこで、何をして遊ぶのか。自分で選ぶこと、そして選んだ遊びに没頭できることが子どもの育ちには欠かせません。** 園舎や園庭には、それを可能とする工夫が必要です。また、全ての職員は全ての子どもに「10よりも100の経験」の機会をつくり、一人ひとりがしたいと思う活動を安全に行えるように見守り、支援することに徹します。

　どろんこ会では自然の中での体験を通して、ものの性質や身近な事象・生命の尊さ・食材や食の循環に気づく「センス・オブ・ワンダー」を大切にしています。そのため、子どもたちの日々の生活は、戸外での活動が中心です。園舎と園庭は縁側を通じてゆるやかにつながり、子どもたちは自由に行き来することができます。

　ここでは児童発達支援センターと認可保育園を併設した東京都初の施設である東大和どろんこ保育園を例に、園舎・園庭内のポイントを見ていきましょう。

 乳児クラスが2階、幼児クラスが1階

活動量が多い幼児クラスがすぐに縁側や園庭に出られるように、原則保育室を1階に置きます。必然的に乳児クラスの保育室は2階になり、階段の上り下りを毎日経験します。

※東大和どろんこ保育園では1階に2〜5歳児とつむぎ、2階に1歳児とつむぎの部屋がありますが、それ以外の園では基本的に1階に3〜5歳児の部屋、2階に0〜2歳児の部屋があります。

 壁で仕切ることのない保育室

1階は壁で仕切られたクラスごとの部屋ではなく、基本的には一つの広い保育室をゾーンで分けて使います。異年齢保育を実践するために必要な仕組みです。

C 中が見える給食室

給食室は子どもたちが中の様子を見られるようにガラス張りになっています。調理の様子を見ることも大切な食育です。

D 職員室にも壁はない

併設施設においては、保育園とつむぎの職員も一つの職員室を使っています。物理的に壁をなくすことで、気持ちのうえでも分け隔てない体制につなげています。

E 広い縁側はみんなが集まる場所

1階の保育室と園庭をつなぐ広い縁側。朝はみんなで雑巾がけをし、お昼にはテーブルを出して食事スペースになります。

第1章

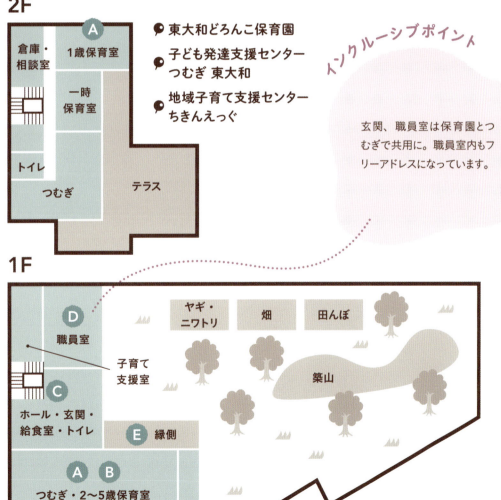

2F
- 東大和どろんこ保育園
- 子ども発達支援センター つむぎ 東大和
- 地域子育て支援センター ちきんえっぐ

インクルーシブポイント

玄関、職員室は保育園とつむぎで共用に。職員室内もフリーアドレスになっています。

1F

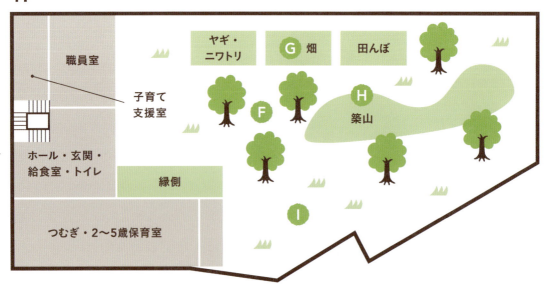

F 木登りで育まれる力

園庭の大きな木は、園のシンボルツリーであるとともに、園児が自分の力で登って遊ぶことを前提にしています。自分の力でどれくらい登れるか、どの枝に足をかけたらよいのか、どこまで登ったら危険かを認識するために、木登りができる木を植えています。

年齢が高い子が上へと登っていく姿を見て、自分の身の丈を知るとともに、「いつかは」という挑戦したい気持ちが芽生えます。

G 日課としての畑仕事

毎日午前中は畑仕事を行います。耕し・苗植え・水やり・間引き・収穫を行うほか、自分たちで育てたものを料理したり、ケチャップ・梅干し・たくあんなどを作ったりします。

H 遊びが広がる築山

園庭に築山を作るのもどろんこ会ならではの特徴です。子どもたちは自分の足で登り降りしながら築山の起伏を生かした遊びを次々に生み出していきます。遊びの中で自然と感覚や体全体の筋力を整えていきます。

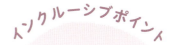

> **インクルーシブポイント**
> 友だちが楽しそうに遊んでいる姿を見ると、体を動かすのが苦手な子も築山に登りたくなります。心を動かして遊びこむことが全身を使うことにつながり、体幹も強くなっていきます。

園庭の一部ではなく、全体が芝で覆われています。緑豊かな環境がどろんこ会の施設の特徴です。

I 天然の芝生が感覚を刺激

園児も職員も園庭での活動ははだしが基本。園庭では芝生の上をはだしで駆け回る心地よさを味わえます。感覚が過敏な子は、最初は抵抗感をもつこともありますが、少しずつ経験するうちに慣れていきます。

Q&A

Q なぜ遊具がないのですか？

A 自ら遊びを考えることを大切にしています

すべり台などの遊具はありませんが、起伏のある築山や土管、木登りのできる木、土、水などの環境そのものが豊かな遊具です。子どもたちがそれらの自然物から自ら遊びをつくり出し、それを日常的に行うことで、自分で物事を考え、生み出す力が育まれると考えています。

第1章 インクルーシブ保育とは何か

異年齢保育・ゾーン保育

異年齢保育なくしてインクルーシブ保育なし

　どろんこ会では、併設施設を開園する前から、**年齢ごとのクラスで子どもたちの活動を分けない「異年齢保育」**を基本としてきました。保育園とつむぎの子が完全に混ざり合うインクルーシブ保育が実現できているのも、この異年齢保育がベースになっているからです。

　クラス担任制で一斉保育の場合は、例えば「昼寝をせずに園庭で遊びたい」という子どもの希望を叶えるのは難しくなります。全員に同じ活動を強制して、一人ひとりの気持ちやペースを無視することは「いろいろな子がいるのが当たり前。それでいいんだ」というインクルーシブ保育の根底になる考え方にも反します。

　子どもたち自身がやりたい遊びや、遊びたい相手を選ぶことによって、年齢の枠を超えて、さまざまな発達段階の子どもたちとかかわることができます。大人が「何歳だから」「障害があるから」と決めつけて一方的に分けてしまうことで、子どもたちの成長の機会を奪わないようにしたいものです。

危険がないように築山には必ずピンクのたすきをつけた見守り担当の職員が配置されます。「先生が見てくれている」という安心感は子どもの遊びこむ支えにもなります。

異年齢保育だから遊ぶ場所を選べる

「今日はどのような活動をするのか」を担任が決めるのではなく、子ども自身が選びます。2歳児と5歳児が遊ぶこともあります。つむぎの子たちも、園児と一緒に過ごしますが、一人ひとりがやりたい活動を選べる環境を設定しています。「年齢が異なる子どうしも、障害のある子もない子も、一緒にいるのが当たり前」という感覚はインクルーシブ保育を支えます。

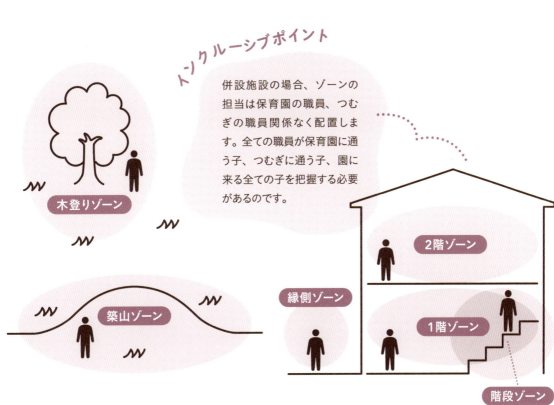

インクルーシブポイント

併設施設の場合、ゾーンの担当は保育園の職員、つむぎの職員関係なく配置します。全ての職員が保育園に通う子、つむぎに通う子、園に来る全ての子を把握する必要があるのです。

担任、担当制ではなくゾーンで見る

子どもたちは自分で遊ぶ場所を選ぶので、クラス担任制の場合、クラスの子全員を常に見ることができなくなります。そこで、どろんこ会では保育中はゾーンごとに担当の職員を配置します。自分が担当するゾーンに来た子どもたちがどのような遊びをしているかを観察し、全ての子どもたちを誰かが必ず見守っている状態をつくります。

情報共有はこまめに行う

ゾーン保育では、自分が担当するゾーンにいる子ども以外の様子は把握しにくいというデメリットがあります。それを補完するのが職員どうしの情報共有です。対面での共有、スマートフォンのチャットを使った共有で、自分が担当するゾーンで遊んでいた子の様子を伝え合います（→P.82）。

Q&A

Q クラス担任はどのような役割を担う？

A
❶ 個別の計画作成と記録
❷ 保護者へ子どもの成長を伝える
の責任者です

インクルーシブ保育のため、園の職員全員が子ども一人ひとりを理解していますが、担任は「その子のことを一番理解している存在」ということです。要支援児の個別支援計画作成にあたっては、担任がケース会議の場で普段かかわっている園の職員全員と情報を共有し、責任をもって計画を完成させます。つむぎの担当も同様です。なお、どろんこ会は異年齢保育を実施しておりクラス分けをしていないため、クラス担任という言葉を使いません。

第1章 インクルーシブ保育とは何か

保護者に寄り添う支援

保護者の負担感を想像してできる限りのサポートを行う

保育園にはさまざまな特性をもった子どもが入園してきます。集団になじみにくい子、子どもどうしのコミュニケーションに困難さをもつ子の保護者の中には、保育園選びや入園の際に、子どものことを否定されたり、受け入れてもらえないといった経験をされた方もいらっしゃいます。そのような保護者が**「私たち親子もここにいていいんだ」**と安心感がもて、**「うちの子は、これでいいんだ」**とありのままを認めてくれる園に出合えると、その後の子育てが大きく変わってきます。そう思えるような保護者支援を職員全員で大切にしています。

また、保育園および児童発達支援事業所は、保護者を支援する施設でもあります。保護者は共働きなどで多忙です。**保護者の気持ちと時間に余裕を生み、親子関係をプラスに導けるよう、どろんこ会では保護者の負担をできる限り減らすための仕組みを積極的に取り入れてきました。**その結果、施設がみんなにとって居心地のよい場所になると考えています。

どろんこサポーターズで
保護者と連携

園とより深くかかわりたいという思いのある保護者が参加できる「どろんこサポーターズ」という保護者組織があります。ヤギ小屋の補修や園庭の草むしりなど、子どもが遊び育つ環境をよりよくしていくため、職員とともに活動しています。

どろんこサポーターズによるニワトリ小屋の組み立て。

縁側で保護者と職員が話す様子。奥の台の上には子どもの通園用バッグがまとめられています。

インクルーシブポイント

保育園に通う子どもでも、必要に応じてつむぎの専門士が子どもの様子を保護者に伝えることがあります。保護者への伝え方、ケアについても専門士が強みを発揮します。

お迎え時の やりとりを大切に

お迎え時は持ち物がまとめられた通園用バッグを受け取るだけで、保護者の作業は完了です。縁側では、お迎えに来た保護者と職員が子どもの様子についてじっくりと話す様子が見られます。この時間こそがよりよい保育に重要です。

保護者の負担は できるだけ軽減する

「送迎時に保護者に靴を脱がせない」というのがどろんこ会の考え方です。例えば、登園時・降園時に子どもの持ち物を定位置に置いたり、シーツの交換をしたりといったことはどろんこ会の施設では職員が行うため、保護者が行う必要はありません。

つむぎ利用の保護者には
丁寧に説明

新たにつむぎを利用する保護者に対しては、保育園との併設施設であり、インクルーシブ保育の中で支援を行っていくことを丁寧に説明し、保護者が抱いている「児童発達支援」のイメージとギャップがないようにすり合わせを行います。

第1章 インクルーシブ保育とは何か

乳幼児とともに過ごす放課後等デイサービス・学童保育

異年齢がともに過ごす環境はそれぞれにとってよい経験に

　どろんこ会には、小学生が利用する放課後等デイサービスや学童保育の併設施設もあります。小学生が利用する施設でも、インクルーシブ保育の考え方は変わりません。**小学生が園児の部屋にやってきて一緒に遊ぶこともありますし、園児が小学生の部屋を見にいくこともあります。**春休みや夏休みなど小学校の長期休暇の期間は、小学生もリズム体操や雑巾がけなど、どろんこ会の施設で毎朝行われている「日課」に参加。自然と小学生と園児が混ざり合って活動する時間になっています。

　小学校では「みんなと同じようにできない」と言われることが多い子が、放課後等デイサービスにやってくると園児たちから「すごい！」「かっこいい！」と尊敬され、自信を取り戻していく様子が見られることもあります。一方、園児たちは、小学生どうしのすもうなどのダイナミックな遊びを見ることで、あこがれを抱いたり、さまざまな刺激を受けたりすることができます。幅広い異年齢の子どもが生活するインクルーシブな環境は、同世代からだけでは得られない気づきや学びの宝庫です。

小学生と園児の混ざり合い

香取台どろんこ保育園は小学生の部屋と乳児室が隣接していることもあり、毎日のように「入ってもいい？」と訪ねてくる小学生がいます。また、乳児たちが階段を下りるときには、荷物を持ったり、手を引いたりと自然にかかわりが生まれています。

小学生も インクルーシブ

香取台どろんこ保育園には、放課後等デイサービスと学童保育が併設されています。保育園とつむぎがそうであるように、学童保育と放課後等デイサービスが一体となった壁のない空間で、双方の子どもたちが日々自然に混ざり合って過ごしています。

第1章

一つの大きな部屋を隔てる壁のない設計だからこそ、自然と一緒に過ごす空間ができています。

行事も一緒に行う

香取台どろんこ保育園では、保育園、児童発達支援事業所、放課後等デイサービス、学童保育が一緒になって運動会も実施。準備には小学生も参加し、行事もよりインクルーシブに行っています。

園児たちに渡すメダル作りを小学生が手伝ってくれました。

ある日の出来事

乳児の様子を見て クールダウンできた

学童保育利用　Hさん（小学5年生）

小学生になると日々いろいろなことでぶつかり合いもあります。「悪口を言われた！」と怒り、気持ちがおさまらなくなったHさん。クールダウンのために一度部屋を出ました。すぐ隣の乳児室を外から眺めるうちに気持ちが落ち着き、職員が「入ってみる？」と声をかけると「うん！」と答えました。乳児との触れ合いを通じて気持ちを切り替えられた出来事です。

第 1 章 インクルーシブ保育とは何か

幼保小連携の模索

園と小学校の連携とともに就学を見据えたねらいも

　保育園も児童発達支援事業所も、幼児教育から小学校教育へスムーズに移行し、子どもができるだけ早く小学校生活に適応できるように幼保小の連携を重視しています。特にどろんこ会の併設施設で過ごした子どもは、卒園後、小学校に入学するとそれまでのインクルーシブな環境から大きく変わってしまうことも考えられます。できるだけギャップを感じないように、どろんこ会の各施設では、近隣小学校との連携についての取り組みを行っています。香取台どろんこ保育園・発達支援つむぎ 香取台ルームでは、**隣接する小学校との連絡会開催のほか、小学校の教員に保育園や児童発達支援事業所でどのような保育を行っているのかを見てもらうために、施設を訪問してもらっています。**

　このようにお互いに交流を図り、保育者と教員で意見交換をすることで、カリキュラムのすり合わせも実施しています。

近隣小学校との連携

就学を控えた5歳児が近隣小学校を訪れて小学校の生活を体験するほか、園側も小学生を行事に招待するなど日常的な交流を心がけています。また、放課後等デイサービスを併設する園では、児童の様子を伝えるためにも小学校との連携が欠かせません。

小学生と一緒に取り組んだ環境教育。サトウキビの搾りかすを再利用したバガスについて、保育園児に向けて紙芝居や劇で説明する様子。

学童保育と放課後等デイサービスを併設している施設では、日ごろから園児と小学生が混ざり合うことで連携も進めやすくなります。

併設施設との交流は小学生にとってもインクルーシブな環境に触れる機会となります。

ささいなことから始める幼保小連携

園舎のすぐ隣に公立小学校がある東大和どろんこ保育園では「今日は焼き芋をするので、煙が流れてしまうかもしれません」「園に子ヤギがやってきました」など、ささいなことも小学校に連絡。地域として日ごろから交流を心がけることで、スムーズな幼保小連携につながっていきます。

併設施設だからこそできる
切れ目のないかかわり

保育園やつむぎを卒園してからも、併設されている学童保育や放課後等デイサービスを利用する子どもも多くいます。香取台どろんこ保育園は4機能を併設しているからこそ、就学後も切れ目のない支援を実現しています。

Q&A

Q 併設施設の場合、つむぎを利用している子の就学支援はどのように行っていますか？

A 集団生活の経験が就学後の生活・支援に役立つように準備します

併設施設の場合、つむぎの子が就学時に提出する書類は、保育園とつむぎそれぞれで作成します。保育園からの書類には、どのような場面で配慮が必要か、どのようなサポートを行うと集団生活の中で落ち着いて過ごせるかなど、細やかな情報も含まれています。また、小学校の行事体験につむぎの子も参加しているので、子ども自身も小学校の生活を知る機会があります。これらの情報や経験が、就学後の生活や支援の手助けになります。

第 1 章 インクルーシブ保育とは何か

地域子育て支援の役割

全ての家庭に開かれた地域の子育て拠点として

　どろんこ会における保育の始まりは、地域の誰もが自由に出入りできる場所を目指すことでした。

　1998年に1号園をオープンしたときから基本軸にしてきたことは、**「保育者は黒子。園や保育者が絶対に上に立たない」「保護者どうしが関係を築ける空間・時間を用意する」**です。

　園が企画し、主催するイベントもありますが、**オープンキッチンや畑など時間・空間・場所を提供し、自由に使ってもらえる**ようにしています。受付のようなものもあえて置かずに、訪れた方がそっと受付処理ができるようにしています。こうした「保護者主体」の姿勢を随所に散りばめているのが特徴です。

　どろんこ会では全ての保育園に地域子育て支援「ちきんえっぐ」、つむぎには「TSUMUGI CAFE」を設置し、子育て世帯を中心に地域の方々が気軽に利用できるよう解放しています。「ちきんえっぐ」とは「親子でどんどん利用してほしい」という思いを込めて、親子（おやこ）丼（どん）の英語である「Chicken Egg」が由来です。

地域とのつながりを生む子育て支援「ちきんえっぐ」

世代を問わず誰でも自由に利用ができる場になっています。地域の親子が誰でも参加できる「青空保育」や、食育や性教育を学べる「寺親屋」、製作を楽しめる「芸術学校」などさまざまなイベントを実施。夏には園庭の築山を使ったウォータースライダー体験を行う園もあります。東大和どろんこ保育園のちきんえっぐでは、発達について不安や悩みをもつ保護者座談会を開催し、保護者のつながりをつくる場としています。ちきんえっぐは子育ての楽しさも不安も分かち合える場として、幅広い役割を果たしています。

発達支援つむぎ 北千住ルーム
のTSUMUGI CAFEの様子。

就労支援の利用者が焙煎した
コーヒーをTSUMUGI CAFEや
ちきんえっぐで提供しています。

保護者のくつろぎ時間に
TSUMUGI CAFE

どろんこ会が運営する発達支援施設「つむぎ」の全施設に併設しているカフェです。つむぎを利用中に、保護者が支援の前後のわずかな時間でもゆっくり過ごせるよう、コーヒーや紅茶などの飲み物を用意しています。また、利用者だけでなくつむぎと地域とをつなぐ場として、地域の方にも開放しています。

提供するコーヒーは就労支援で焙煎

どろんこ会は2022年に就労継続支援事業も開始しました。就労支援つむぎ 武蔵野ルームでは利用者の方がコーヒーの焙煎も行っています。ここで焙煎されたコーヒー豆を、ちきんえっぐやTSUMUGI CAFEで提供しています。コーヒー豆はオンラインショップでも販売中です。

Q&A

Q 保育園を多機能化すると、現場での管理や運営は大変になりませんか？

A 大変さを超える大きな価値があります

多機能化を行う際には、職員との合意形成や業務の流れの見直し、新たな手続きなど、さまざまな大変さがあります。しかし、それを乗り越えることでインクルーシブな保育環境が生まれることはもとより、園や組織全体においてもその過程で多くの学びや気づきがあります。そういった意味では、多機能化は組織や職員一人ひとりの変革のチャンスともいえるのではないでしょうか。

第1章

どろんこトーク ①

社会福祉法人どろんこ会

理事長 安永愛香

1998年、グループ1号園の立ち上げ当初よりインクルーシブ保育を目指してきたどろんこ会。インクルーシブ保育が必要な理由、そしてこれからのあり方を語りました。

「療育」を終え、「発達支援」へ完全シフト

　「療育」とは、1942年に高木憲次氏が発表した「医療と教育」を意味した造語で、「治療をしながら教育すること」を表します。当時は、まだ発達障害が法律上で定義される57年も前のことであり（2005年の発達障害者支援法施行による）、近年になって「発達障害は生まれつきの脳の特性であり病気ではない」ことが明らかになりました。病気でないから治療をしない、ということです。

　ところが「発達障害」と診断がついたお子さんには加配保育士が配置され、特別扱いされ、友だちとトラブルが起きそうになると大人が制するようになります。すると、本来後天的に身につけなければならない感情を制御する力などが十分育たないまま成長し、大人になっても自分ができないことでトラブルになったり、コミュニケーションがうまくとれなかったりします。

　子どものうちから自分の得意や好き、苦手を理解して、トラブルになったときの解決方法も経験で覚えていければ、大人になっても自分の力で生きていくことができる。そういう人生の入り口をつくることが、今どろんこ会で実践しているインクルーシブ保育です。人格形成が完了するのは8歳ごろといわれている※ので、乳幼児期こそインクルーシブな環境で育てることに意味があると思っています。

※ジェームズ・J・ヘックマン著、大竹文雄解説、古草秀子訳『幼児教育の経済学』東洋経済新報社、2015

小学校以降の教育も変えていきたい

　2022年に国連から日本に対して、障害児を分離する特別支援教育を中止するよう勧告が出されました。日本では障害者が分離されているので、まずは子どものころからインクルーシブ教育を行いなさいということなのですが、小学校以降ではまだ、今まで行ってきた特別支援教育が中止されることはなさそうです。

　今までの教育のあり方を時代に合わせて柔軟に変えるのは難しいことですが、この壁はいつか突破しないといけません。それができないと、障害のある人の「幸せに生きる権利」を奪ってしまうことになりかねないのです。

　2014年にインクルーシブ保育施設をつくろうと声をあげてから11年、時代は確実に変わり、ついに保育園と児童発達支援事業所の間に壁をつくらなくてもよいと制度上でも認められました。香取台では学童保育と放課後等デイサービスも併設できました。小学校教育におけるインクルーシブの壁もいずれ壊していけると信じています。

自分のことがわかれば
幸せに生きられる

　障害児には、肢体不自由児や聴覚・視覚障害児、知的障害児もいますが、中でも多くを占めるのが発達障害児です。発達障害があっても、インクルーシブ保育・教育が根づいて、自分の特性が理解できれば、苦手なことはサポートを受けながら、好きなことを高めて生きていけます。幼児期の段階で、「障害があるから」と特別扱いされて、本人が特性を理解できず、生きる力を身につけないまま就学させてしまうのは、のちの人生を考えるととても責任が重いと思うのです。

　「感覚過敏があるから」と刺激のないところに閉じこめてしまうのではなく、「嫌」なのか「嫌じゃない」のか、子どもが一つひとつ判断して、選択していく過程を経験してほしい。その中で、自分が好きなもの、興味がもてるものを見つけていってほしいのです。それができる環境が日本中で当たり前になっていくことを、どろんこ会は目指しています。

　インクルーシブ保育に興味をもち、同じように実践していこうと思う方が一人でも多ければ、日本の未来はより早く変わるはずです。

壁になるのは担任・担当制

　私がインクルーシブ保育について講演をすると、終わったあとに「安永さんはきれいごとを言っている。こんなことはできるわけがない」と言う方が何人もいます。

　一つ屋根の下で、食事も一緒に食べて、保育室と園庭も共有する保育をする際に、壁になるのは「担任制」です。子どもが思い思いの場所で遊ぶと、当然、担任一人では見られないので、担任制が崩壊してしまうのです。そこで状況を分析して「担任制をやめよう」と決断できればよいのですが、その決断ができなかったり変化を受け入れられないと、「できない」と考えてしまうことになるのでしょう。

　担任制をやめて、クラスの子以外の誰が目の前にいても見守る保育をするということは、大人がまず混ざり合うということ。それができなければ、子どもにそれを求めることはできません。

第 2 章
多様性を認め・支え合う
どろんこ会の生活

どろんこ会の併設施設はただ建物を
一緒にしただけではありません。
保育園と児童発達支援事業所の子どもが
数時間だけ交流するというものでもありません。
双方の子どもが生活や活動をともにし、
職員も双方支援をするのが特徴です。
生活の一部にインクルーシブな時間が
あるのではなく、毎日の生活そのものが
インクルーシブなのです。
生活の一つひとつにスポットをあてていくと、
全ての子どもに必要な保育・支援の形が
見えてくるはずです。

第 2 章 多様性を認め・支え合う どろんこ会の生活

1日の保育・年間の保育

1日の保育の延長に年間での行事がある

　どろんこ会の施設では、毎朝決まった時間に行う日課から1日が始まります。リズム体操、うた、座禅、雑巾がけのあとは、園庭の一角や近隣で借りている畑での年間農業計画に基づいた畑仕事、園で飼育しているヤギやニワトリなどの生き物の世話、小屋掃除、たい肥作りといった「労働」をします。そして散歩や泥遊びなど戸外活動に向かいます。昼食や午睡をはさんだあとは、再び日没まで園庭での外遊びや散歩と、戸外での活動が続きます。

　1日の基本的な流れはあるものの、**年間スケジュールはもとより、日々のスケジュールも各施設で子どもの様子を見ながら考えています**。運動会や生活発表会、どろんこ祭りなど、全ての施設で行う行事もありますが、施設ごとに職員が子どもたちに必要な行事を企画・実施しています。ただし、あくまでも行事は日々の生活の延長にあるもの。日々の生活を大切にするというのがどろんこ会の考えです。

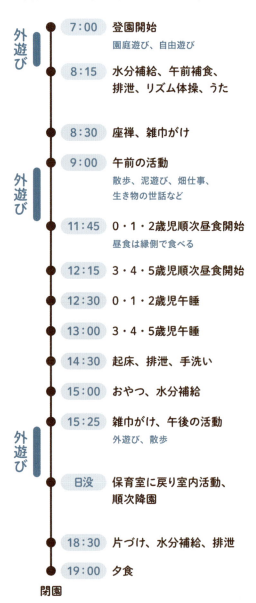

1日の流れの例

朝の日課は時間や内容もおおむね決められていますが、それ以外の活動の時間は、内容もそれぞれの園、子どもが考えて、選んでいきます。

外遊び
- 7:00 登園開始
  園庭遊び、自由遊び
- 8:15 水分補給、午前補食、排泄、リズム体操、うた
- 8:30 座禅、雑巾がけ

外遊び
- 9:00 午前の活動
  散歩、泥遊び、畑仕事、生き物の世話など
- 11:45 0・1・2歳児順次昼食開始
  昼食は縁側で食べる
- 12:15 3・4・5歳児順次昼食開始
- 12:30 0・1・2歳児午睡
- 13:00 3・4・5歳児午睡
- 14:30 起床、排泄、手洗い
- 15:00 おやつ、水分補給
- 15:25 雑巾がけ、午後の活動
  外遊び、散歩

外遊び
- 日没 保育室に戻り室内活動、順次降園
- 18:30 片づけ、水分補給、排泄
- 19:00 夕食

閉園

外での活動を重視

どろんこ会ではなぜ1日の大半を戸外で過ごすのでしょうか。外では土に触れることで免疫力がつくため、また、自然の中で子どもたちは天気の変化や生き物との触れ合いなど、「10よりも100の経験」を通じて、自分で考えて行動する場面が多くなると考えているからです。

「労働」は全員で行うもの

小学校学習指導要領（第1学年および第2学年）にも記載がある通り、「自分がやらなければならない勉強や仕事は、しっかりと行う」「働くことのよさを感じて、みんなのために働く」ということを毎日の生活の中で教えています。そのため、畑仕事や生き物の世話はあえて「労働」と呼び、職員も一緒に行います。

命あるものは毎日世話をしないと生きていけません。戸外活動の中でニワトリのえさやりや小屋の掃除も当たり前のように行います。

インクルーシブポイント

つむぎの子の中には大勢で食事をとるのが苦手な子もいます。その場合は部屋で職員と2人で食べるなど、その子に合った形をとりながら様子を見て、みんなと食べるきっかけを探っていきます。

食べるときも自分で決める

子どもたちは一緒に食べたい友だちのところへ行ったり、誘い合ったりして、食事の場所を自分で決めています。一斉に遊びをやめて座らせるということはしません。

職員も混ざり、異年齢で食事をします。

第2章 多様性を認め・支え合う どろんこ会の生活

1年の流れ

（八山田どろんこ保育園・
発達支援つむぎ 八山田ルームの例）

年間行事は、「子どもたちに必要な活動か」という観点で前年踏襲せず、施設ごとに毎年ゼロから考えます。自然と触れ合い、四季折々の変化を感じられるような活動、伝承行事など、子どもたちの興味・関心や、世界が広がるような活動をするために職員が知恵を絞ります。

- 4月　入園式
- 5月　田植え ➡ P.58
- 6月　自然体験 梅しごと
- 7月　プール開き
　　　伝承行事 七夕
　　　どろんこ祭り ➡ P.68
- 8月　自然体験 草木染め
- 9月　伝承行事 十五夜
- 10月　運動会 ➡ P.66　稲刈り ➡ P.58
　　　地域交流 秋マルシェ
- 11月　世代間交流 高校生 ➡ P.71
- 12月　地域交流 クリスマスマルシェ
　　　自然体験 大根抜き
- 1月　伝承行事 だんごさし
　　　雪遊び
- 2月　自然体験 雪灯篭作り
　　　生活発表会 ➡ P.69
- 3月　卒園式

毎月の行事

- 遠足 ➡ P.39　● 商店街ツアー
- 食育体験 ➡ P.55、63

主な食育体験の例
- いちごジャム作り
- みそ汁作り
- 梅干し作り
- しそジュース作り
- トマトケチャップ作り
- 夏野菜カレー作り
- ぬか釜ごはんでおにぎり作り
- 干し柿作り
- たくあん作り
- みそ作り
- 豆腐作り
- きなこ作り

遠足は毎月の行事

どろんこ会での遠足は、普段の散歩とは違い、さらに長い距離を歩いていきます。時にはバスや電車に乗っていくこともあります。お弁当の時間も子どもたちにとっては特別な時間です。近隣のどろんこ会の施設に遠足で遊びにいくことも。

行事は日常の延長

多くの園で行われる行事としては、運動会、どろんこ祭り、生活発表会などがあります。運動会といえばクラスごとに行うダンスや競技、生活発表会では劇などが定番ですが、どろんこ会では、子どもたちの成長を伝える場として日々取り組んでいることを披露しています。

お花見の季節にはこのようなお弁当を用意することも。

この園では、昼食で食べる白米を毎日園児が園庭で炊いています。お米の計量・米とぎ・かまどの準備も子どもと職員で協力しながら行います。お米のもみ殻と杉の葉を燃料に羽釜で炊飯する「ぬか釜」で炊飯しています。

園ごとに独自の行事も

次年度、どのような行事を行うかを施設長が独断で決めることはありません。毎年、年間行事を白紙に戻し、次年度にどのような行事が子どもにとって必要かを全職員が考え、施設ごとに話し合って決めています（→P.88）。

朝の日課

ケガをしない体をつくる
全員が参加する朝の日課

　どろんこ会の施設では、日々決まった時間に行う日課があります。その中にリズム体操、座禅、雑巾がけがあります。

　リズム体操では、音、リズムに合わせて体全体を使って動き、友だちと一緒に行うことで体を動かす楽しさを感じたり人とつながる心地よさを体感したりします。

　どろんこ会は全体的に体を動かす「動」の活動が中心なので、「静」の活動としての「座禅」を取り入れています。

　「雑巾がけ」は転んでも自分の体を支えられる調整力や体幹の力を身につけるために行い、また、みんながはだしで歩く園舎をきれいに保つことにもなります。

　子どもたちは各活動に自分なりに参加します。ただ、主体性を大切にすることは、「やりたくないことは全てやらなくていい」ということではありません。**何もかもが自由なのではなく、自分の体・命を守ること、みんなのため・世の中のためになる労働など「やらなければならないこと」もあるのだと子どもたちに理解してほしい**のです。職員全員がその姿勢で保育を行えるように、研修や日々の対話の中で確認しています。

リズム体操も異年齢で行うことで、小さい子は大きくなったらこうなりたいと、大きい子へのあこがれを抱きます。

座禅

宗教は一切関係ありませんが、毎朝座禅の時間をつくり、座って目を閉じ、心を落ち着けます。呼吸を整え、心の安定を図るなどのねらいがあります。一日中外で動き回るからこそ、一日の始まりに「静」の時間を設けています。

第2章

インクルーシブポイント

つむぎの子も友だちの姿に関心をもつ、水を張ったバケツに手をつけてみる、雑巾をつかんで動かしてみるなど、最初は一人ひとりに合った形で参加します。雑巾がけは、巧技台などを使って力をつけるのではなく、生活の中から必要な力を育む取り組みの一つです。

使う雑巾は、子どもの小さな手でも扱いやすい厚さ、サイズのものを、就労支援つむぎ武蔵野ルームの利用者の方々やどろんこ会の障害者雇用部門にあたるクラフトサポート部門が縫ってくれています。

雑巾がけ

身の回りを自分できれいにして気持ちよさを体感したり、転んだときに自分の体を支える力をつけるため、毎日子どもと職員がともに行っています。

第❷章 多様性を認め・支え合う どろんこ会の生活

外遊び

変化する環境の中
遊びこむことで発見がある

　太陽が出ている間は、目一杯戸外で活動をするのがどろんこ会の特徴です。この外遊びにこそ、どろんこ会が目指す「子どもの生きる力を育む」ためのエッセンスが詰まっています。

　外遊びといっても「今日は鬼ごっこをしよう」「今日はみんなで泥遊びをしよう」と、担任が決めるわけではありません。**芝生の広がる園庭で、それぞれの子どもがその日に自分がやりたいことを選んで遊びこんでいきます。**時には友だちと協力しながら、遊びを発展させていくことが、子どもにとって意味のある時間になります。

　前の日と同じ遊びであっても、そのときの気温や天候、植物の様子、使う道具、まわりにいる友だちなど、条件が変わることで遊びが変わっていくのも外遊びならではのよさ。思い通りにならないこともあるでしょう。そのような思いがけない出来事に出会ったときにどうするかを体験し、学んでいくのも、外遊びでは大切なことです。

泥遊び

　泥遊びこそ、どろんこ会の真骨頂。園庭がある園には「泥場」と呼ばれる泥遊びをするスペースがあります。泥場は土を掘り起こしてあり、水を入れてよく混ぜると、とろとろとした泥になります。どろんこ会では、土に触れることで免疫力を高められると考えています。乳児期から徐々に泥に触れさせてみたり、職員が泥遊びする姿を見せてみたりと、興味をもてるようなきっかけづくりをしていきます。

遊びに使う道具も本物を。家庭で使わなくなったものなど保護者にも協力いただき、フライパンや鍋はあえて本物を用意しています。

泥の感触の気持ちよさ、楽しさを知った子は、手も体も泥だらけにして遊びます。

築山

築山は足指で地面をつかむ力を獲得し、土踏まずと強いふくらはぎを育てるために、はだしで駆け降りることができるような斜度にこだわっています。また、築山は子どもたちにとって遊びを生み出す魅力的な「遊具」でもあります。登ったり降りたり、転がったり、滑り降りたり、何かを転がしてみたり、遊びをつくり出す源です。

築山は土管とセットでつくることも多くあります。土管はくぐったり、隠れたり、さまざまな遊びが生まれる場所です。

水遊び

縁側の近くには雨水タンクを置き、いつでも自由に水を使えるようにしています。また、冬は「前日から作っておいた氷」や「たらいに張ったお湯」を物的環境として用意しています。実際に水に触れることで、水のかたちの変化、遊び方を子どもたちが自分で考えられるようにするためです。また、乳児期からたっぷりと水にかかわる環境をつくることで、土とかかわる泥遊びへと興味を広げていきます。

築山の斜面に竹や塩ビ管を半分に割った水路をつなげるダイナミックな水遊びは、友だちとの協力が必須。人と協働することを経験から学びます。

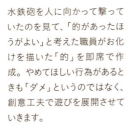

インクルーシブポイント

つむぎの子がホースをさわっているのに気づいて、駆け寄ってきた保育園児。「何してるの？」と声をかけて返答がなくとも、同じものに興味をもって眺めています。職員はその姿を静かに見守ります。

水鉄砲を人に向かって撃っていたのを見て、「的があったほうがよい」と考えた職員がお化けを描いた「的」を即席で作成。やめてほしい行為があるときも「ダメ」というのではなく、創意工夫で遊びを展開させていきます。

木登り

園庭には木登り用の木を植えています。高いところに登ってみたいという願いから、どこに手や足を動かしたらよいのかなど、自分で思考、工夫をし、木登りに挑戦する子どもたちの姿が見られます。

インクルーシブポイント

木登りを通じて、子どもは自分にできないことがあることを学んでいきます。友だちとの遊びの中で、「できないこと」に向き合って繰り返し挑戦したり、声をかけ合ったりすることも大切な経験です。

小さい子たちは年上の子が登る様子を見て、登り方や危険について学び、いつか登れるようになりたいと意欲を高めていきます。

虫捕り

芝生や草花、畑がある園庭や公園では、さまざまな生き物に出会います。昆虫好きの子は、園庭や散歩に出かけた公園にはどんな虫がいるのか、どうやったら捕まえられるのかをよく知っています。友だちと「ここに虫がいるよ！」と教え合ったり、見つけた虫を観察したり、調べたりしながらさらに虫に詳しくなっていきます。

たき火

園庭でたき火をして焼き芋をつくったり、寒い日には暖をとったり、日常的に火に触れることで正しい火の扱い方を知るよう導きます。また、燃えやすい木と燃えにくい木、風上風下など、火とかかわりながら自然のさまざまな事象に自ら気づき、考える力を養います。最近ではマッチをすって火をつけたことがない子が大半ですが、「危険な物との距離の取り方」を経験によって学んでいきます。

火のつけ方、消し方、どんなふうに木をくべると燃えるのかなど、たくさん学ぶことがあります。前もって職員だけでたき火の研修を行う施設もあります。

散歩

散歩では、自分の足でたくさん歩いて身体機能を高めると同時に、すれ違う人との触れ合いや季節の移ろいを感じることを大切にしています。年度初めから少しずつ計画的に歩く距離を延ばすようにし、秋から年末には2歳児で往復4km、4・5歳児は往復10km歩けるようになることを目指します。

インクルーシブポイント

つむぎの子も一緒に散歩に出かけます。周囲の風景も楽しみながら、友だちと手をつないで歩くことは、体や心の発達にもつながります。

第2章

室内遊び

子どもの興味・関心を観察し遊びこめるコーナーを設置

どろんこ会の併設施設では、年齢で部屋を分けることなく、また、つむぎに必要な指導訓練室のスペースも合わせて一つの大きな部屋としています。その中で活動に応じてゾーンを分けています。実験、編み物、ままごとなど、**子どもたちの興味・関心、発達に合わせたコーナーを設定し、遊具や道具を幅広くそろえておきます。**

子どもが自ら選んだ遊びに集中し、遊びこめる環境づくりを意識するのは、外遊びでも室内遊びでも変わりません。子どもがそのとき何に関心をもっているか、どんな環境にすると遊びが広がっていくかを、職員は常に子どもを見て考える必要があります。

コーナーも固定ではなく、子どもの関心や季節、職員が体験させたい内容やねらいなどの変化に応じて見直していきます。就学が近づく5歳児が、学習につながる体験ができるようにというねらいから、本物の実験器具を置いた「実験コーナー」を設置するなど、施設ごとに工夫が見られます。

どろんこ会のほとんどの施設では、園庭、縁側、室内がゆるやかにつながっていることもあり、外遊びで興味をもったことを室内遊びへと発展させていける連続性も大切にしています。いずれも子ども一人ひとりを丁寧に見ていないと、適切なコーナーの設定はできません。

レイアウトの工夫

背の低い棚を使って部屋を仕切り、コーナーをつくります。子どもたちが落ち着いて遊びこめるように、テーブルや椅子をコーナーごとに配置しています。

八山田どろんこ保育園・発達支援つむぎ 八山田ルーム 2〜5歳児保育室のコーナーマップ

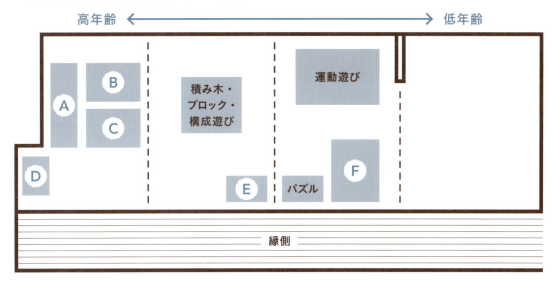

子どもの興味・関心を広げる工夫
（八山田どろんこ保育園・発達支援つむぎ 八山田ルームの例）

2〜5歳児保育室のコーナー設置例です。室内の右側から左側に向かって、関心をもって遊ぶ子どもの年齢が上がっていく想定でゆるやかにエリアを分けています。

A 文字・数

B アトリエ

C 粘土・塗り絵

D 実験

E 編み物

F ままごと

第2章 多様性を認め・支え合う どろんこ会の生活

実験コーナーでの遊びの広がり
（八山田どろんこ保育園・
発達支援つむぎ 八山田ルームの例）

1階の保育室には「実験コーナー」を設けています。そのときの子どもたちの興味・関心や季節に合わせてさまざまな道具や素材が登場します。

春 草花をすりつぶしてみる

散歩中に見つけた草花と水をポリ袋に入れてもんでみたら、水の色が変化したことに気づいた子どもたち。さまざまなものをすり鉢ですって、水の色の変化を比べています。

夏 水の量を計測してみる

毎日のように水で遊ぶうちに、水の「量」に興味をもつ子がいました。メスシリンダーや試験管などを使って、水を足したり減らしたりする調節遊びが盛り上がります。

秋 重さを量ってみる

さつまいもを収穫すると、気になるのが「大きさ」や「重さ」の違いです。計量器を用意すると、それぞれ量って記録をとり、数字や単位を学ぶ機会になりました。

冬 浮くもの・沈むものを調査する

夏に水を使って浮くもの・沈むものを比べていたことから、松ぼっくりなど身近にある自然物をひろって水槽に入れて試しています。

Q & A

Q 職員が意図的につむぎの子を遊びの輪に入れることはある？

A 子ども自身がどうしたいかを観察して対応します

一人でいることを楽しんでいるのか、気になっている遊びの輪があるのかによってかかわり方は違ってきます。一人を楽しんでいるなら様子を見ます。気になっている遊びがあるようなら「一緒にやってみない？」と誘ってみます。遊びの輪に入ったら職員はちょっと離れるか、年上の子に「〇〇ちゃんもやってみたいんだって。教えてくれる？」とさりげなく声をかけます。

異年齢ならではの室内遊びの広がり

放課後等デイサービスや学童保育を利用する小学生と園児が一緒に過ごす施設では、小学生ならではの複雑な遊びに影響を受け、園児の遊びや活動が広がることもあります。発達支援つむぎ 香取台ルームでは、放課後等デイサービスに通う小学生の多彩なクレヨンの使い方を見た園児の間でクレヨンブームが起きて、アート活動が盛り上がったこともありました。

小学生が乳児室に行くことも日常茶飯事です。

インクルーシブポイント

小学生が過ごす部屋をのぞきにきた5歳児。小学生の将棋対決を眺めています。このような出会いが興味・関心を広げるきっかけになります。

ある日の出来事

遊びのアイデアでリーダーになる経験も

保育園児
Iさん（3歳）

発達がゆるやかで、1つ下の2歳児と過ごすことが多かったIさん。2歳児の中で、紙や布などいろいろな素材を使ってお弁当を作る遊びがブームになっていたとき、葉っぱに見立てていた緑色のフェルトを、Iさんが海苔のように巻いて食べる真似をしたんです。それを見て「そんな使い方ができるんだ！」と2歳児たちがどよめきました。3歳児の友だちといるときは助けてもらうことの多いIさんが、リーダーの立場を経験できるのは、異年齢保育ならではですね。

第2章 多様性を認め・支え合う どろんこ会の生活

生き物とのかかわり

生き物の世話を通じて「生と死」を体験する

　どろんこ会のほとんどの施設では生き物を飼っています。園庭にヤギ、ニワトリが暮らす園もあります。ほかにもカブトムシ、クワガタなどの昆虫、爬虫類、両生類、魚類など種類はさまざまです。近隣の系列園でたくさん生まれた生き物の赤ちゃんを譲り受けることもあります。世話は子どもたちと職員で行います。**生き物の世話、小屋掃除は、自分たちのことを自分たちでする、自分の仕事をしっかりと行う「労働」と位置づけています。**

　園で生き物を飼うのは、子どもたちに生死の瞬間に立ち会うことで生死を体感し、認識してほしいという思いからです。また、命は責任をもって世話をしなければならないことを学んでほしいと考えています。そして、生は必ず死と結びついていること、**食べることを通じて「命」をいただいていることを学んでほしいのです。**そのため、魚をさばいていただく活動を多くの施設で行っています。施設によっては飼育しているニワトリをさばいていただくこともあります。

頭突きで距離感を学ぶ！？

ヤギはコミュニケーションとして頭突きをしてくることもあります。怖がる子もいますが、「どんなときに頭突きしてくるのかな？」「近づいていいときと、ダメなときはいつだろう？」と考えることで、生き物との距離の取り方を学ぶ機会にもなっています。職員はケガがないように見守っています。

逃げ回るニワトリを必死の思いで追いかけ、抱きかかえた瞬間。怖さや挑戦して「できた」というさまざまな感情も経験します。

子どもたちはヤギのフンを集めてたい肥を作り、おいしい野菜作りに役立てています。

ヤギをきっかけに地域の方ともつながります。

第2章

生き物を通した地域とのつながり

園にヤギがいることで、地域の方からも「ヤギがいる保育園」と認知され、エサを持ってのぞきにきてくれたり、近隣の小学生が立ち寄ったりすることがあります。また、生き物が好きな保護者が小屋の整備などに参加してくれることも。さまざまな人が園にかかわるきっかけになっています。

ヤギは子どもの情操教育にもよいと考えています。

インクルーシブポイント

ヤギに興味をもった保育園児とつむぎの子が、最初は個々にエサをあげていましたが、次第にお互いの気持ちをはかりながらエサやりの順番を決めたり、あげたあとに一緒に喜んだりと、かかわりが生まれました。

第 2 章 多様性を認め・支え合う どろんこ会の生活

ニワトリが産んだ卵を販売

ニワトリが産んだ卵は「どろんこたまご」として子どもたちが地域の方や保護者に販売します。生き物の飼育が、経済や社会の仕組みを知るきっかけにもつながります。

子どもたちは毎朝卵拾いをしています。

生と死を目の当たりにする

ヤギは出産することで健康に長く生きることができます。職員が種付けして年1回出産できるよう努め、子どもたちは在園中に命の誕生や喪失に立ち会います。ヤギを飼うのは、かわいがるためだけではなく、生と死を身近に感じてほしいというねらいもあります。

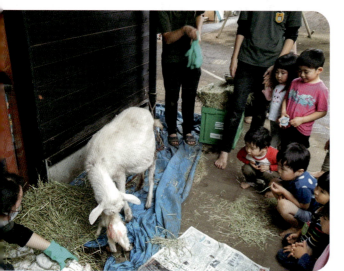

ヤギの出産の際にはみんなで見守り、「がんばれー！」と応援します。産まれたヤギがほかの施設にもらわれていくのを涙ながらに見守るのも、一つの貴重な経験です。

インクルーシブポイント

保育園児もつむぎの子も一緒に生き物の世話をします。ほうきの数をあえて人数分そろえずに用意すると、子どもたちは自然とそれぞれができる役割を分担します。

ニワトリの解体を見守る子どもたち。保護者も参加し、生死をともに考える機会となりました。

解体される前のニワトリに触れている子どもたち。ニワトリの解体や魚をさばいていただく活動を行った園では、自然と給食の残食が減ります。

乳児期から本物に触れる体験を大切に。大きなマグロに興味津々の子どもたち。

「命をいただく」ことを知る

自分たちはほかの生き物の「命」をいただいて生きていると知るのは、食育としても大切なことです。そのため、マグロやブリ、アジなどの魚をさばき、いただく活動を行っています。単にさばくところを見て終わりではなく、魚の生態などを知ること、そしてさばいたあとは食べることまでがセットです。また、職員は自ら学び、必要に応じて自身が研修を受けたうえでニワトリを絞めてさばくこともあります。さばかれている魚やニワトリに「かわいそう！」「怖い！」という反応を見せる子もいます。いざ食べる場面では「おいしい」と言って食べる子もいれば、食べない子もいます。自分たちが命をいただいていると理解し、「いただきます」の意味を体験から知る機会となります。

命をいただく会を行うにあたっては、事前に保護者の方には懇談会などを通じ丁寧に意図を説明します。子どもの参加も任意です。また、職員に対しても対話や研修を行うなど学びの機会を設け、職員自身の葛藤も大切にしながら準備を進めています。

第 2 章 多様性を認め・支え合う どろんこ会の生活

畑仕事・田植え・稲刈り

畑仕事を通じて
経験や学びが広がる

　「畑仕事」は、全員がやらなければならない「労働」の一つです。今の園児たちは、大人になったときにロボットやAIなど、多種多様なツールを駆使しながら社会課題を解決していかねばなりません。だからこそ**人格形成期を過ごす保育園では、本物の体験と労働が必要**だと考えています。

　保育所保育指針にも、保育士は子どもたちが就学するまでに、「協同性」「社会性」「道徳性」「規範意識」を培わなければならないと定められています。保育士は教育者として、決まり（＝毎日の仕事）を守ることや、やりたくなくてもみんなのために働くことを教えていかねばなりません。そのための環境設定として、どろんこ会では用意する道具はあえて十分な量にはせず、年長児やリーダーを担う子が調整したり、また、みんなで話し合ったりできるように職員が導き、支援しています。

　畑仕事では、土づくりから始まり、種をまき、水をやり、成長の様子を観察するなど、収穫までの一連の仕事を自ら体験することで、日々食べているものがどのように作られているのかを実感として理解していきます。園庭が広い施設は園庭に畑を設置しますが、園庭がない園などは近隣の畑を借りたり、プランターで栽培するなど環境に合わせて工夫しています。

全員ができる形でかかわる

併設施設では、つむぎの子たちも同じように畑仕事に参加します。例えば、土をさわるのが苦手な場合は、水やりから始めます。水やり一つとっても、じょうろに水を入れすぎると重くて運べないので、水の量を調整するなど、さまざまな発見があります。友だちの姿を見ているうちに「やってみたい」「さわってみたい」という気持ちに変化していきます。

畑仕事には土の掘り返し、種まき、草取り、収穫など手先を使う作業がいくつもあり、子どもの体の発達にもつながります。

畑仕事から社会貢献へ

収穫した野菜を調理して食べるだけにとどまらず、金融教育につなげていくこともあります。ある園では、子どもたちが育てた野菜を保護者に販売し、その売上金をお世話になっている地域の施設に寄付することにしました。近隣で畑を借りたり、生き物との触れ合いをさせてもらったり、地域の方の協力あっての戸外活動です。地域・社会に貢献できることについても子どもたちと考える機会になります。

収穫したら食べてみる

実った作物を収穫し、自分たちで調理して食べることも大切な学びです。収穫したトマトをケチャップにすると、「火を通すと甘くなっておいしい」など調理で味が変化することも学べます。そして、収穫や味の感想を友だちと言葉で伝え合うことも、子どもたちの育ちに役立っています。

第2章 多様性を認め・支え合う どろんこ会の生活

稲刈りの作業は、力加減や姿勢を保つのもひと苦労ですが、これも子どもたちの体づくりに役立っています。

泥遊びには慣れている子どもたちも、本物の田んぼは少し勝手が違って、泥の深さに驚き、おじけづいてしまう子もいます。

園での米作り

体験活動の一つとして、園庭内の田んぼで米作りを行っている施設もあります。ほかの生き物に食べられないようにかかしを立ててみたり、猛暑で田んぼが干上がらないように水を張ったり、みんなで協力しながら守り抜いたお米を秋に収穫します。脱穀や籾ずりなど精米作業も行って食べるお米の味は格別です。また、無農薬のため、田んぼにはゲンゴロウやおたまじゃくしも集まってきます。生き物好きの子には魅力的な環境となります。

南魚沼での田植え稲刈り体験

どろんこ会では、創業時より「本物の体験」の一つとして、新潟県南魚沼市で田植えや稲刈りを体験するツアーを毎年行ってきました。親子で行くツアーもありますが、関東圏の施設の3歳児から5歳児を募り、保護者とは離れて子どもだけで行く1泊2日のツアーもあります。大自然を満喫しながら、米作りの一端を体験します。

南魚沼市の山間部の棚田。

南魚沼での米作りと給食食材の自給自足

田植えや稲刈り体験で毎年訪れている南魚沼市は、自然豊かな土地であるがゆえ鳥獣害の悩みや、農家の高齢化によって山間部など生産が難しい棚田の耕作放棄や後継者不足といった課題があります。どろんこ会はその社会課題と向き合うため、2013年に地元の農家とともに株式会社南魚沼生産組合を設立。ライスセンターを備え、子どもたちが安心して食べられる減農薬による米作りに挑戦し、給食米の自給自足を実現しています。

さらに、2022年には有機農法で野菜作りを行う株式会社Doronko Agri（どろんこあぐり）を設立しました。関東地方の数か所で畑を借り、安心・安全な食材による給食の提供を行っています。

就労支援ではカフェでの調理、接客といった仕事も選択できます。

「保育×農業」から広がるインクルーシブな社会

南魚沼生産組合やDoronko Agriで生産された農作物は、給食として子どもたちや職員が毎日おいしくいただきます。この安定した需要が、農業を守り、地域の雇用も生み出しています。

どろんこ会は施設を利用する子どもたちが成人するときを見据え、2022年に就労継続支援B型事業所も開設しました。利用者がさまざまな仕事、職業に触れ、選択の幅を広げられるような支援をしており、南魚沼生産組合やDoronko Agriで農業に従事するという選択肢も用意しています。保育事業、児童発達支援事業にとどまらず、必要な事業に着手し、「走りながら考え」、常に挑戦し続けています。

縁側で食べる
バイキング給食

「自分で選んで決める」経験を食事を通じて重ねていく

　保育園での昼食といえば、全員で一緒に「いただきます」をして食べる場面を想像しますが、**どろんこ会では、全員が一斉に昼食を食べることはしません**。職員が昼食の用意をする様子を見て、子ども一人ひとりがそろそろご飯かなと考えて遊びを終わらせたら、着替え、手洗いなど食事の準備を始めます。

　職員が配膳するのではなく、**子ども自身が自分で配膳するバイキング形式にしている**のも、「**自分で考えて、自分で決める**」経験を毎日の食事の中でも積み重ねてほしいからです。食事をするテーブルや席も年齢で分けることはなく、誰と食べるのか、どのテーブルで食べるのかも、そのときの状況で子どもが選びます。

　どろんこ会では「食育体験」を積極的に行っていますが、食育とは食事そのものやクッキングだけではないと考えています。畑や田んぼで作物を育てることは、まさに食べることにつながりますし、ニワトリの世話をして卵を拾うことも、たっぷり体を動かしておなかが減るまで外遊びをすることも食育の一環です。食べることを通して、さまざまなことを学んでほしいと考えています。

遊びの時間から昼食の時間へ

　昼食の時間が近づくと、縁側にテーブルが並び、食事や食器などが運ばれてきます。園庭からも保育室からも縁側は見えるので、子どもたちはその様子を見ながら、遊びから食事へと気持ちを切り替えていきます。

自分から昼食の用意を手伝う子どもたち。台拭きなども大人の姿を見て行います。

自分の食事は自分で配膳

自分がどのくらい食べたいのか、そして実際に食べられるのか。その量を見極める力は経験によって培われるものです。また、しゃもじやおたま、トングを使って自分が食べたい量を器に盛ることも、子どもにとっては難しい作業です。最初は多すぎたり少なすぎたりすることもありますが、そんなときは職員がさりげなく言葉をかけていきます。

大人は盛りつけしません。こぼしてもよいので子どもが自分で盛りつけます。

インクルーシブポイント

最初は器の中身をこぼしたり、器を割ってしまったりすることもありますが、日々自分で配膳を繰り返す中で、運び方も身についていきます。

天気がよい日は園庭で食事をいただくこともあります。

おおむね1歳児から
バイキング給食へ

どろんこ会ではおおむね1歳児から縁側やテラスで食事をします。バイキング給食では、子どもが自分で盛りつけをします。盛りつけも配膳も、できない子はできる子が手伝います。成長発達に合わせて少しずつ自分でできることを増やします。保育士や専門士はもちろん、調理担当者や施設長も子どもたちと一緒に食卓につき、食べっぷりを見て提供の仕方を考えていくことも大切です。

道具にはこだわりが詰まっている

子どもが盛りつけに使うおたまやトングは、子どもの手で扱いやすいサイズのものを選んでいます。みそ汁を入れる鍋も、深すぎると子どもの手が届かず具材をすくいきれないので小ぶりのものに。鍋や皿を置くのも子どもが取りやすい位置はどこなのか、大人の感覚で決めずに、常に子どもの目線に立って調整を重ねます。

器は割れるもの
大人と同じ陶磁器を使う

子どもが使うから、と給食で使う食器は割れない素材を選びたくなるかもしれませんが、どろんこ会では大人と同じ陶磁器を使います。乳幼児期から陶磁器に触れることで本物のよさを感じ取ります。また、扱い方を間違えると割れてしまうことを知り、割れないように扱うこともとても大切な学びです。

インクルーシブポイント

一番奥は大人が使うおたま。真ん中が子ども用のおたま。持ち手が短く、角度も違うので、手首を返す動きがまだ苦手な子もすくいやすいものにしています。一番手前は、さらに力がない子でも扱いやすい小ぶりなおたまです。

多くの施設で取り組む「梅しごと」に使う梅は、職員自ら収穫しています。毎年茨城県高萩市へ梅取りに出かけ、多い年では500kgほど収穫し、各園に発送します。

足元までガラス張りの給食室

どの施設でも給食室は中が見えるようにガラス張りになっています。また、子どもたちがいつでも見に行けるように、できるだけ園の中心につくるようにしています。

インクルーシブポイント

給食室と廊下を隔てる壁や扉は、子どもの目線を考え、足元までガラス張りです。ハイハイをしていても、車椅子を使っていても、給食室の様子を見ることができるよう工夫しています。

食育体験

子どもたちに必要だと思う食育体験を施設ごとに行っています。畑で収穫したもの、園に植えられた果樹に実ったものをどうやって食べるか話し合って決めて、自分たちで調理して食べます。みそ作りや干し柿、たくあん作りなど日本の伝統的な食文化を伝える取り組みも行います。給食時に出た野菜くずは、たい肥化して畑仕事に使うことで、食の循環を直接体験することも食育の一環です。

第 2 章　多様性を認め・支え合う どろんこ会の生活

どろんこトーク ②

どろんこ会の食を支える食育プランナー

滝田リサ（八山田どろんこ保育園）

どろんこ会の給食と食にかかわる活動を支えているのが食育プランナーの存在です。
子どもたち一人ひとりを食を通してサポートしていく、その思いを聞きました。

「食べたいものを食べたいだけ」
自分で考えて自分で決める

　どろんこ会の給食では、大人が盛りつけて用意したものを配るのではなく、何をどのぐらい食べるか、子ども一人ひとりが考え、自分で盛りつけをします。「今日はおなかがすいたからたくさん食べたい！」「これは苦手だからちょっとにしてもいい？」というように、子どもたちは自分がどうしたいのかを私たちに伝えてくれます。

　大人は子どもたちの気持ちを汲み取りながら、自分で食べられる量を知っていけるようサポートしていきます。自分で盛りつけることで、おたまやトングなどの道具の使い方が身につくだけでなく、食べることを通して「自分らしさ」を大切にする心が育まれていくのだと思います。

何よりも
食べる楽しさを知ってほしい

　食に関してこだわりのある子どもたちもいます。「白いごはんだけ食べる子」は、「白いごはんしか食べない子」ではなく、「白いごはんが好きな子」というとらえ方をしています。

　新米や炊き立てのごはんだと、いつも以上においしそうに食べていたりして、驚くほど細やかな味覚をもっていることに気づきます。いろいろなものを食べてもらいたいとあれこれ手立てをするよりも、子どものありのままの姿を受け入れ、一人ひとりに合わせた丁寧なかかわりを続けることが大切なのだと思います。すると、ふとしたきっかけでおみそ汁を飲んでみようと思ったり、魚のフライがお気に入りになったりと少しずつ食の世界が広がりを見せていきます。

　バランスよく食べることも大切ですが、何よりも「食べることが好き」「おいしい」「うれしい」と全ての子どもたちに感じてもらえるような食事の時間づくりをしていきたいですね。

一人ひとりに合った
食事の環境をつくる

　食事そのものを嫌がったり、食べるものに強いこだわりや偏りがあったとしても、どろんこ会ではそれを「困ったこと」だととらえることはしません。家庭での様子も聞きながら、一人ひとりに合わせた食事の環境をつくるように心がけています。

　例えば、にぎやかな雰囲気が苦手であれば、人が少なくなる落ち着いた時間に食事するようにしたり、白いごはんに色がついてしまうことが嫌ならば、ごはんとカレーは別々の器に盛ればよいのです。日々の生活の中で、たくさん遊んでおなかがすく感覚を知ったり、友だちや先生とともに食卓を囲む豊かな時間を実感したりすることこそが大切なのです。

苦手なものでも
お皿にはのせておこう

　苦手なものや食べられないものを無理に食べさせることはしません。ただ、盛りつけのときには「少しだけ」盛っていけるように言葉をかけます。なぜなら、まわりの友だちや先生の様子を見ているうちに「ちょっとだけ食べてみようかな」という気持ちになったとき、自分のお皿にのっていないとせっかくのきっかけを逃してしまうからです。

　子どもたちは毎日成長しています。食事の場でも「やってみたい」と思ったときにできる環境をつくっておくことが私たちの役割なのです。

第2章

第 2 章 多様性を認め・支え合う どろんこ会の生活

行事

行事とは日常生活の延長であるべき

　運動会や生活発表会など、保護者が参加する行事では、「子どもの成長の様子を伝えること」を何よりも大切にしています。それは行事のためだけに取り組むプログラムではなく、**毎日の生活を通じて一人ひとりが興味・関心をもっていること、試行錯誤する中で成長した姿を保護者に伝え、ともに成長を喜び合いたい**という意図があります。

　行事が近づいたタイミングで、子どもたちの間で盛り上がっている事柄について、保育士から「これをおうちの人に見てもらおうか?」と投げかける場合もあれば、「みんなが得意なことって何だろう?」と問いかけて、子どもたち自身がアイデアを出し合い、話し合いをして「これをやりたい」と決める場合もあります。どのような場合でも保育士が「これをやるよ」と一方的に決めることはしません。

　併設施設では、行事に関しても保育園とつむぎの子が一緒に参加します。前年に行っていたことを踏襲するのではなく、どのような内容であれば全ての子が参加できるのか、大人も子どもも一緒に知恵を絞って、つくり上げていきます。

運動会

園庭のある園では、あえて起伏のある環境を生かしたプログラムを園全体で考えています。園庭のない園では、近隣小学校の校庭を借りるなどしながら、子どもの日常を伝えられるよう工夫しています。乳児クラスではリズム体操、かけっこなど、普段の保育の中で行っていることをそのままプログラムに取り入れたり、5歳児はダンスやサーキットなどでダイナミックな動きを見せてくれたりもします。

インクルーシブポイント

つむぎの子については、活動も当日の参加も本人の希望を重視します。最初は関心を示さなかった子が、少しずつ活動の輪に近づいていくこともあります。園児が「こっちに並ぶんだよ」と自然に声をかけたり手をつないだりと、サポートし合う姿を保護者が見る機会にもなります。

東大和どろんこ保育園・子ども発達支援センターつむぎ 東大和での運動会の様子。

香取台どろんこ保育園の運動会では、5歳児がニュージーランドの伝統舞踊「ハカ」を披露。同じ市内にある筑波大学のラグビー部との交流をきっかけに、ハカに興味をもった子どもたちが、自分たちでセリフや振りつけも考えました。

第2章

ある日の出来事

気持ちの動きを見守る

香取台どろんこ保育園
発達支援つむぎ 香取台ルーム
香取台どろんこ学童保育室

施設全体で目指したのは「子どもも大人も楽しめる運動会」。遊びの中で子どもたちができるようになったこと、できるようになりたいことを種目に盛りこみ、保護者に今の子どもたちの姿を見てもらうプログラムを考えました。大切にしたのは、安全面は考慮しつつ子どもたちの可能性や経験を阻害しないこと、大人の見立てで「できる・できない」を決めないことです。その子自身が何を楽しみ、何に気持ちを向けているのかを園全体で共有し、育ちに対する視点をすり合わせていきました。

第 2 章 多様性を認め・支え合う どろんこ会の生活

園庭のある施設では、築山を使ったウォータースライダーが登場します。普段から遊んでいる子どもたちはもちろん、保護者も一緒に思いっきり遊びます。

どろんこ祭りは、有志の保護者とともに運営します。

どろんこ祭り

どろんこ保育園の夏の一大イベントです。職員のほか、保護者有志が企画・運営に参加して、さまざまな出し物でおもてなしをします。スーパーボールすくい、ヨーヨーつりなどお祭りらしい出し物のほか、保育園の給食と同じ新潟県南魚沼産のお米を使ったおにぎりや、子どもたちが仕込んだ梅シロップを使ったジュースなど、園生活の一端を感じられる企画もたくさんあります。保育園やつむぎ利用の家庭だけでなく、地域の方々も招き、施設の様子を知ってもらう機会となっています。

子どもたちの成長を、写真とともに紹介する展示も充実させています。

生活発表会

生活発表会は子どもの成長を伝え、保護者はもちろん職員も子どもたちの成長を一緒に感じる場です。内容は子どもたちと話し合いながら決め、その中で一番伝えたい内容をさまざまな形で表現・展示をしています。教えこんで発表するのではなく、子どもの発想や思いを受け止め、一緒につくっていきます。

併設施設でのあるエピソードを紹介します。生活発表会で創作劇をすることになった際、つむぎの子は小道具を出す係を選びました。観覧席から小道具の出し入れも見えるように設定し、うれしそうに係の仕事をする姿を見た保護者は、涙を見せていました。

ふじみ野どろんこ保育園と発達支援つむぎ ふじみ野ルームでの生活発表会では、子どもたちの日ごろの遊びを紹介しました。

自然体験

田植え・稲刈り・畑仕事をはじめ、登山や川遊び、キャンプ、冬のたき火も自然体験の一つです。駅ビル内や都市部の保育園であっても、各施設で創意工夫をして自然体験の機会をつくり出しています。

雪が降る地域の冬のお楽しみは「雪遊び」。積もったばかりの雪を踏みしめたり、雪山を作ったり、子どもたちは寒さを忘れて夢中になって遊びます。

1月15日にはどんど焼きを行う施設もあります。

日常の中での行事

どろんこ祭り、運動会、生活発表会のような施設全体で取り組む行事のほかに、日常の保育の中で毎月行う行事もあります。自ら食にかかわり食について理解を深める「食育体験」。地域の銭湯に出かけて、みんなで大きなお風呂に入る「銭湯でお風呂の日」。地域の仕事を知り、大人とかかわる「商店街ツアー」など。そのほかに、地域に根差した伝承行事も全国各地の施設で行っています。

世代間交流・多文化共生

どろんこ会では世代間交流・多文化共生を大切にしています。地域の高齢者に昔ながらのしめ縄作りを教わったり、戸外で一緒にラジオ体操を行ったり、定期的な交流機会をつくっています。また、近隣の中高生、大学、保育者養成校などの学生との交流も積極的に行っています。海外の高校生が来園したり、海外にルーツのある保護者に出身国の文化を教えてもらったりするなど、世代も文化も超えた方々と触れ合う幅広いインクルーシブな交流行事を行っています。

職員や保護者のつながりを通じて交流を実現することもあります。子どもたちは事前にその国について調べたり学んだりします。

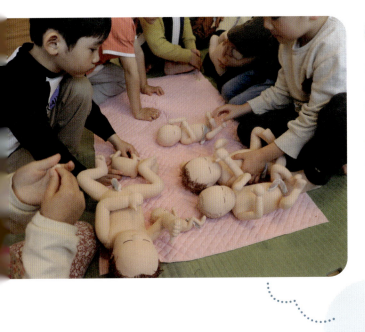

性教育

どろんこ会では、2004年より就学を控えた5歳児に体と命の大切さを学ぶ性教育を行っています。毎年12月から1月に、2日間かけて実施。プライベートゾーンを守ることはもちろん、絵本や胎児人形を使い、命の誕生についても教えます。

※事前に保護者が希望・同意した子どもたちのみが参加

インクルーシブポイント

性教育に消極的な考えが強く残る日本。そのため、障害のある子どもが性教育を受ける機会は、なおさら少ないのが現状です。どろんこ会では、障害の有無にかかわらず、性教育は全ての子どもが対象。自分の命や体が大切に感じられるようになることで、他者のことも大切にできるようになっていくのです。

第 2 章 多様性を認め・支え合う どろんこ会の生活

インクルーシブ保育を支える保育士・専門士

実際に併設施設で働く職員に子どもとのかかわり、大人どうしの連携など
インクルーシブ保育を実現するために必要だと感じていることを聞きました。

東大和どろんこ保育園
主任・長澤紗耶香
職員一人ひとりの得意が
発揮できるようなマネジメントを

　入職して17年目で、以前はどろんこ会の系列法人が受託運営する事業所内保育所で働いていました。主任の立場で配属されましたが、併設施設での勤務は初めてだったので、開園当初はわからないことだらけでした。そこで、発想を転換して「わからないこと」を学びのチャンスと考えることにしました。わからないことは教えてもらう、一緒に調べる、勉強会を開くなどをしていくうちに「この人は発信が得意」「書類の作成が上手」など、職員一人ひとりが何を得意にしているかが見えてきたのです。併設施設は職員の数が多いからこそ、主任としてのマネジメントにおいて、職員が各々の力を発揮できる機会をつくることを意識するようになりました。

　また、両施設長と目線を合わせるため、児童発達支援管理責任者も含めて何度も話し合いました。時に考え方が違っても意見を伝え合うことで考えの幅を広げ、園の向かう方向を日々確認しています。

東大和どろんこ保育園
保育士・甘田実早紀
一緒にいるだけではなく
大人のかかわり方も大事

　インクルーシブ保育に興味があり、どろんこ会に入職しました。実際に働くまでは、保育園と児童発達支援が壁で分けられていなければ、インクルーシブ保育ができると思っていました。でも、実際は同じ環境で過ごすことだけでなく、大人のかかわり方も大切なのだと先輩の姿を見て気づきました。

　ある日、公園でおすもうごっこをした際、先輩が歩行を練習中のつむぎの子に「一緒におすもうごっこやってみる?」と誘いました。おそらくその子が参加したいのを感じ取ったのだと思います。先輩がその子を支えながら「はっけよーい」と声をかけると、違う場所で遊んでいた子どもたちも集まってきて、みんなで楽しむことができました。そのときのつむぎの子の楽しそうな笑顔が今も忘れられません。一人ひとりを見守る中で、時には大人が子どもの気持ちを通訳するような役割を果たすことで、つながりを深めていくこともできると実感したシーンでした。

発達支援つむぎ 八山田ルーム
社会福祉士・千葉仁美

子どもたち自身が考え、子どもたちどうしで教え合う

　遊んでいる子どもたちの声に耳を傾けていると、毎日いろいろな発見があります。ある雪の日、そり滑りを楽しんでいたときのことです。友だちが楽しそうに滑っている様子をじっと見つめているつむぎの子がいました。やってみたいのかなと声をかけてみると、職員の手をぎゅっと握り、滑っている友だちに近づいて行ったのです。初めての遊びは踏み出すまでに勇気がいりますが、一度滑ると怖さよりも楽しさが上回り、その子は順番待ちの行列ができても気にせず、何度も滑っていました。列ができていることを知らせると、どうしたらよいのか戸惑い、固まってしまったのですが、近くにいた子が並んでいる友だちにそりを渡しているのを見て、ルールがわかったようです。自分も列に並び、みんなとそのルールの中で遊ぼうとしていました。

　子どもが成長する中で大人が指示して教えることが必要な場面もあるかもしれませんが、インクルーシブ保育では子ども自身が考え、子どもたちどうしで教え合うことが大切なのだと思います。

発達支援つむぎ 八山田ルーム
臨床心理士・伊東佳美

自分の存在が認められている環境だからこそかかわりが生まれる

　非常に繊細で、自分で決めたルーティン通りに行動したい子がいます。自分の世界でおもちゃをさわる感覚遊びが楽しくて、縁側の端っこで遊んでいることが多いのですが、隣で自分の遊びを見ていた友だちのほうをふっと見て、にっこり笑いかけることがありました。その瞬間を見たとき、友だちがそばにいても「悪くない」と思えるようになったのだと感じました。

　また、今までは友だちが近づくと体を違う方向に避けて「一人で遊ぶ！」という態度を示していたのですが、最近は「さわらないで！」と手を出して意思表示するようになったんです。自分から人とかかわることが少なかった子が、少しずつでも自分の気持ちを人に向けるようになったことは大きな変化だと、私たちはとらえています。

　インクルーシブ保育では、一人で遊ぶことを非難する人もおかしいと思う人もいません。自分の存在が認められている環境だからこそ、こうした変化が見られるようになったと考えています。

第2章

第❷章 多様性を認め・支え合う どろんこ会の生活

どろんこトーク ④

保護者が語る
インクルーシブ保育の魅力

インクルーシブ保育のどのような点が保護者には魅力として感じられているのでしょうか。
どろんこ会の施設では医療的ケア児も受け入れています。
併設施設での生活について、二人の保護者の方の実感をおうかがいしました。

見附どろんこ保育園保護者

保育内容が限られる施設が多く
職場復帰は難しいと感じていた

　重症心身障害児で医療的ケア児であるわが子にとって、保育園に通うことは高い壁がありました。0歳のころからいろいろな福祉サービスを受けてきましたが、単独で医療的ケア児を預かってくれる施設は数が限られています。毎日違う事業所に車で片道30〜40分かけて送迎し、預かり時間は10〜15時ごろまで。大人の中に子どもが1、2名という環境で過ごしてきました。

　市が斡旋してくれた公立保育園においても、園内の小さな別室での保育であり、延長保育はできませんでした。このような受け入れでは、職場復帰ができるような状況ではなく、転職または退職を考えていました。そんな矢先、ご縁があり開園したばかりの見附どろんこ保育園にお世話になることが決まったのです。

子どもたちの中で
子どもらしく生活できる喜び

　職場復帰の目途がたったこともありがたいですが、何よりうれしく思うのは、子どもが「子どもの集団の一員」として受け入れてもらい、みんなと同じくさまざまな活動に参加できていることです。毎日たくさんの刺激を受けていると感じています。

　医療的ケアが必要なため、子どもとして当たり前の生活もあきらめていましたが、見附どろんこ保育園では、看護師さんをはじめとする職員の方々の支援を受けることで、同年代の子どもたちに囲まれて子どもらしい生活ができています。このような環境が全ての子どもにとって当たり前になってほしいです。また、うちの子のような医療的ケア児がいることを素直に受け入れてくれる子どもたちが成長し、インクルーシブな社会が広がることも期待しています。

メリー★ポピンズ 海老名ルーム保護者
酸素ボンベの使用にネガティブな
職員は一人もいなかった

　双子の子どもの一人が超低出生体重児で生後1年間入院をしました。慢性肺疾患で酸素ボンベが必要な医療的ケア児であったため、受け入れてもらえる保育園がなかなか見つからず困っていたところ、メリー★ポピンズ 海老名ルームの開園を知りました。

　発達支援に力を入れている法人ということで連絡を取ってみたところ、最初に電話をしたときから「酸素ボンベの取り扱い経験や、重度障害のあるお子さまの保育経験もあるので、受け入れは大丈夫ですよ」と言っていただき、「受け入れてくれる園があるのだ」と気持ちがとても楽になりました。酸素ボンベの取り扱いは、職員の方が負担に感じたり、ネガティブな思いをもったりするのではないかと不安でしたが、誰一人そのような方はいませんでした。業者の方のレクチャーも受けて、どのように使うのかを真剣に聞いてくださいました。

子どもの発達を最優先に
家庭では難しい体験ができている

　当初、保育園に入ってもほかの子と一緒に過ごすのは難しく、個別対応になるだろうと思っていました。ところが生活のほとんどをともに過ごすことができ、ハイハイの時期には酸素ボンベに滑車をつけることにも対応してくださいました。室内でそういった器具を使うリスクもあったと思うのですが、子どもの発達を最優先して対応してくださいました。

　散歩や戸外活動にも参加できたことで、小児科の先生が驚くほど体力がつきました。そのほかにも食育など、家庭ではなかなかできないことを経験させてもらって感謝しかありません。また、子どもたちや保護者のみなさまからも、「ほかの子と違う」という差別のような視線は一切感じたことがありません。特に年上の子たちがかわいがってくれています。一人の人間として見て、友だちとして受け入れてくれるのを感じます。

第 3 章

インクルーシブ
保育を可能にする
働く環境づくり

子どもたちの多様性を受け入れるには、
まずは職員どうしがインクルーシブな
関係であることが大切です。職員間の意識の
「壁」を取り払い、同じねらいや理解のもと、
全ての大人が全ての子どもを保育することで
初めてインクルーシブ保育が可能になります。
インクルーシブ保育を支え、
継続していくために、運営面の仕組みをつくり、
働く環境を整える必要があります。
さらに、職員が学び続けることで
保育の質も向上し、一人ひとりの子どもと
じっくり向き合えるようになるのです。

第 3 章 インクルーシブ保育を可能にする働く環境づくり

意識改革 ① 「分けない」意識をつくる

丁寧な対話の積み重ねで意識の「壁」を取り払う

　併設施設において、保育士と専門士が一緒になって、双方の子どもを保育・支援するというのは、容易なことではありません。いくらインクルーシブ保育への意識を共有していても、**職員自身の中にある「保育園と児童発達支援事業所は別物である」**という意識を取り除く努力を丁寧に積み重ねていかなければ、同じ場所にいても、いつの間にか「分かれて」しまうものです。

　まずは、リーダーであるそれぞれの施設長がインクルーシブ保育について理解し、「インクルーシブである」とはどういうことなのかについて共通認識をもつことが必要です。例えば、職員会議など職員が集まる場では、保育園とつむぎとを分けずに、日常においても職員どうしがコミュニケーションをとれる場をできるだけ多くすることを心がけます。何げない日常会話も、真剣な意見交換も、どちらも必要であり、それらを通じて職員の子どもへの思いやとらえ方、支援の方法を共有していきます。

　保育士は集団生活における支援を主とする一方、心理職や言語聴覚士などの専門士は一人ひとりの子どもの特性や課題に合わせた支援を行います。全職員がそれぞれの得意やスキルを生かし補い合いながら、保育・支援を行うのが理想です。

「壁」をなくす過程でチームが強くなる

併設施設では、「保育士には児童発達支援のことはわからない」「専門士は保育のことをわかっていない」と、意識のズレや壁を感じることがたくさん出てきます。しかし、その壁を取り除く過程で起こる職員どうしの衝突や葛藤こそが、一つのチームとして大きく成長するチャンスでもあります。職員の意識改革を導いていくのは、併設施設の施設長の重要な役割でもあります。

東大和どろんこ保育園・子ども発達支援センターつむぎ 東大和の職員室。統括施設長はいつも職員室全体が見渡せる中央あたりに座りますが、ほかの職員は日によって思い思いの席に座ります。

職員室はフリーアドレス

省令改正前は、保育園とつむぎの職員室を別々にしなければなりませんでした。現在は職員室を分けることなく共用しています。また、席を固定しないフリーアドレスとしているため、日常的に保育士と専門士が隣り合って仕事をしています。その日によって話す相手が変わることで、さまざまな人とコミュニケーションをとる機会が増えます。個人情報など重要な書類は園、つむぎそれぞれで鍵のかかるキャビネットにしまっています。

第3章

ある園の日常

何もしないと「壁」はできてしまう

北千住どろんこ保育園
発達支援つむぎ 北千住ルーム

一つの部屋を使っているのに、気がつくといつの間にか「こっち側が保育園、あっち側がつむぎ」と座る場所を分け、間にパーティションが置かれていました。園・つむぎの両施設長が職員一人ひとりと話し、不平不満、愚痴を受け止め、建設的に話し合える関係性づくりを担いました。職員どうしがぶつかり合うことは決して悪いことではありません。対話ができる組織マネジメントが施設長には求められます。何もしなければ壁は確実にできます。併設施設のトップは覚悟を決めて臨むしかないのです。

第3章 インクルーシブ保育を可能にする働く環境づくり

意識改革❷
保育と児童発達支援の違いを知る

指針やガイドラインを読み解き
お互いを理解する

どろんこ会が目指すインクルーシブ保育は、保育士と専門士が、それぞれの専門性、得意を生かしながら全ての大人が全ての子どもを育てることです。そのためには、保育と児童発達支援の違いや共通点についても、お互いに理解しておく必要があります。

例えば、保育園と児童発達支援事業所はそれぞれどのような目的の施設で、どのような専門性が求められるのか。また、そ

れぞれの根拠となる「保育所保育指針」と「児童発達支援ガイドライン」を読み解いていくと、お互いどんなことを目指して子どもと向き合っているのかがわかります。保育・支援にあたってすれ違いがあった際に、「もっとこうしてほしい」と要望を伝えるだけでなく、その背景にあるものを理解し合うことで、伝え方も変わり、よりよいチームとして保育・支援ができるようになります。

「加配」についての考え方

障害のある子の保育については、対象になる子を個別にサポートする職員を配置する「加配」が行われることがほとんどです。ただ、どろんこ会では、障害＝必ず加配が必要、ではないと考えています。大人が常にそばにいることで、友だちとのケンカやトラブルを経験できない、自分で経験を選びとれず自分の得意や好きを探索できない、危険なものとの距離のとり方が身につかないなど、生きる力を育む機会を奪いかねません。だからこそ、対象となる子どもについては必ず体験保育を実施し、加配が必要かどうかをじっくりと考えて決めていきます。

加配を検討するケース

- 療育手帳（中〜重度）を所持
- 重度精神遅滞、強度行動障害を伴う自閉スペクトラム症
- ほかの園児に大きな危険を及ぼすことが予想される
- 重い合併症があるダウン症または超低出生体重児
- 気管切開、経管栄養
- 座位がとれない、下肢不随、歩行不可

どろんこ会における
加配検討の要素

加配せずに集団の中で
育てることを検討するケース

- 療育手帳を持っていないか、持っていても軽度との判定
- 発語の遅れ、難聴
- 多動／落ち着きがない
- こだわりが強く、遮ると感情が崩れる
- 知的発達に遅れがなく、言語発達の遅れ・対人関係の困難さ・活動や興味の範囲の狭さが見られる自閉スペクトラム症
- 自閉スペクトラム症のうち、知的発達・言語発達に遅れはないが、対人関係が困難で、活動や興味の範囲の狭さが見られる
- てんかん
- 心室中隔欠損症
- 合併症がないダウン症

保育と児童発達支援の違いとは?

大まかに分けると、「集団」を基本とする保育に対し、児童発達支援は主に「個」を対象とするという違いがあります。児童発達支援は、それぞれの子どもの発達課題に対して個別化された支援を提供するため、専門的なスキルをもつ職員の連携が不可欠です。

保育園が集団の中で生活力を育む一方、児童発達支援事業所は、専門性の高い課題解決型の支援を行います。それぞれ補完的な関係にあるといえるのです。

		保育園		児童発達支援事業所
主な目的		●保護者の就労や病気などの理由で家庭での保育が難しい場合に、子どもに保育を提供する施設。 ●子どもの健全な成長と発達を促すことが目的。		●発達に課題がある子どもや障害のある子どもに対して、必要な支援を提供し、日常生活を送るうえでの基本的動作や知識技能の習得、集団生活への適応を促す施設。 ●個別のニーズに応じた支援を重視。
特徴	対象年齢	0歳〜小学校就学前の子ども。	対象年齢	0歳〜18歳(主に小学校就学前の子ども)。
	支援内容	基本的な生活習慣の形成、社会性の発達、遊びを通じた学び。	支援内容	子どもの発達の程度や障害の状況に対応した支援プログラム。言語、運動、社会性の発達支援。
	職員の専門性	保育士が中心となり、子どもの日常生活を支援。健康管理や食事指導も行う。	職員の専門性	子どもの発達課題に基づいた個別指導計画(IEP)の作成。保育士に加え、言語聴覚士、作業療法士、心理職などの専門職が連携。
	法令等	児童福祉法や保育所保育指針に基づく。	法令等	児童福祉法や児童発達支援ガイドラインに基づく。
	特徴的なサービス	延長保育や一時保育など、働く保護者のニーズに対応。	特徴的なサービス	家庭や学校との連携。保護者への支援や相談も重要な役割。
専門性		●保育士による集団保育のスキル。 ●乳幼児期の発達課題(例:自立や他者との関係構築)への対応。 ●親子間のコミュニケーション支援や家庭への助言。		●子どもの特性を理解し、個別支援計画を立てるスキル。 ●子どもの年齢や障害の特性に応じた支援技術。 ●保護者との密接な連携と心理的サポート。

出典:Doronko LABO®

ある園の日常

加配はつけず、個性に合わせた対応を統一した結果 混ざり合う生活が成立

保育園児 Kさん(4歳)

Kさんは自閉スペクトラム症と診断されていますが療育手帳はなく、以前通っていた保育園では加配がついていました。どろんこ会の施設での体験保育の結果、加配なしで受け入れることに。長々と叱らず簡潔に伝える、一人で活動しているときは静止せず、やりたいことを保障できるようにするなど、対応を職員間で統一しました。職員全員が同じ対応でKさんとかかわることで、加配をしなくてもほかの子どもたちに混ざって生活することができています。

第3章 インクルーシブ保育を可能にする働く環境づくり

意識改革❸
全ての大人が全ての子どもを育てる

インクルーシブ保育を支える情報共有

　ゾーン保育では、担任はゾーンにいる子ども以外の様子を常に見ることはできませんが、一人ひとりの状況を把握している必要があります。それを可能にするのが、職員どうしの細やかな情報共有です。

　情報共有は保育の合間や職員室でのちょっとした立ち話も含め、会話と対話が基本です。**常に職員どうしがコミュニケーションをとれる環境づくりが、子ども一人ひとりの支援に結びつきます。**

　また、全職員に貸与されている**スマートフォンのチャットも補助ツールとして活躍します。**例えば、「AくんとBさん、今朝にこんなトラブルがありました」「Cくん、昨日の遊びの続きをやりたがっています」などの具体的な情報を、動画や写真も活用してタイムリーに共有することも可能です。

つむぎの職員も保育士と同じように混ざって子どもたちと遊びます。そのときの様子をほかの職員にも伝えます。

Q&A

Q 担任としてクラスの連絡帳記入や記録作成をする際、活動の様子を見ていない子はどうするのですか?

A 職員全員で子どもの姿を把握し共有します

　園の職員全員が、あらゆる機会、ツールを使って情報を共有し合うことで、全ての子どもについて把握しています。また、普段の会話の中で子どもの様子や成長の姿を伝え合っていることも記録の作成に役立っています。

休憩中も園・つむぎに関係なくともに過ごします。自然とその日の子どもの姿について会話し、笑顔に。

「振り返り」で意識が変わっていく

「今日は子どもたちのあんな姿が見られて驚きだったね」と、1日についてつむぎと園でともに振り返る時間は意識改革にも大きな影響を与えます。そこから「あの場面でこんな働きかけをしたのがよかったんじゃない？」「今日はああいうふうにしたけれど、もう少し子どもの動きを待ってみてもよかったかもね」など、職員どうしが対話を重ねます。

双方の視点で振り返ることにより、子どもについてのとらえ方もより多面的になります。それこそがインクルーシブ保育を進める大事な一歩になります。

どろんこ会における「全ての大人」とは

どろんこ会でいう「全ての大人」とは、保育士や専門士に限りません。調理員や看護師、事務員、保育補助、用務員も保育の大切な一員という考え方を徹底しています。時には園長が調理に入ったり、調理員がお迎え対応をしたりすることも。園全体のインクルーシブ環境をつくっていくための基本の考え方です。

ある園の日常

子どもたちの1分1秒を大切にしたい

八山田どろんこ保育園
発達支援つむぎ 八山田ルーム

「会議」という名目で職員を集めることはできるだけ減らしています。園・つむぎに関係なく全員がインクルーシブ保育を実践するために、保育や支援の合間のちょっとした立ち話や職員室での対話を心がけています。子どもたちの1分1秒を大切にしたいからこそ、職員の主体性、スピード感が必要とされます。若手もベテランも主体的に意見を交わし、日々の保育をアップデートしています。

第 3 章　インクルーシブ保育を可能にする働く環境づくり

意識改革❹
個を見る専門性を集団でも生かす

「自分が子どもを守らなければ」を捨ててみる

　専門士※の中には、子どもに対して何らかのトレーニングをしていないと、仕事をしていない気持ちになってしまう人がいます。また、専門士としての知識や経験があるため、既存の児童発達支援とは異なるインクルーシブ保育の現場では、「特性をわかっている**自分が子どもを守らなければ**」といった意識を強くもつ人もいます。

　しかし、インクルーシブ保育を成立させるためにはその意識を一旦捨てて、職員全員で子どもを見るという意識に切り替えていくことが大事です。

　意識を変える一番の近道は、インクルーシブな環境での子どもの変化を目の当たりにしてもらうことです。アプローチが違っても「子どもを支援する」という本質は変わらないはずです。

専門士も保育に入り、子どもとともに過ごします。

※本書での「専門士」とは、児童発達支援および放課後等デイサービスに従事する福祉専門職員を指します。

ある園の日常

子どもが自然に混ざり合っていた
北千住どろんこ保育園
発達支援つむぎ 北千住ルーム

以前は、保育園とつむぎで活動が分かれていました。例えば、「昼食は一緒に食べませんか?」と保育園側から声をかけても「いろいろなところに目移りしてしまうので、食事は一緒にできません」と断られていました。そこで、つむぎの子は縁側の一角で昼食を食べることから挑戦。するとある日、つむぎの子が好きな席に座って保育園の子たちと一緒に食べ始めたのです。子どもが変わる姿を目の当たりにして、「こういう環境が子どもに必要なんだ」と全職員が実感するきっかけになりました。

保護者支援でも
専門士のスキルが生かされる

子どもに対する保育だけでなく、保護者支援でも専門士のスキルは発揮されます。例えば、つまずきやすい、箸をうまく使えない、ボタンが留められないなど日常生活の動作に気がかりがあるとき、作業療法士は感覚統合の視点から発達を促す遊びや生活の中でできる工夫を伝えることができます。また、保護者に気がかりや困りごとがある場合も、社会福祉士や心理職が専門性を生かして必要なサポートをすることができます。

専門的なアドバイスは、保護者がわかりやすいように遊びや日常生活の中の動作に例えて説明しています。

集団とのかかわりは
子どもとの遊びを通じて知る

専門士の中には、1対1の支援の経験しかなく、集団としての子どもに初めてかかわり、とまどう人も多くいます。しかし、子どもたちは遊びを通じて自然に集団とのかかわり方を大人たちに教えてくれるのです。

子どもたちは「この先生は保育園、あの先生はつむぎ」と分けることなく接してきます。そんな子どもの姿を通して職員も「この子はつむぎ、あの子は保育園」と分けることなく全体を見るようになります。

医療的ケア児もともに生活。専門職である看護師もともに保育をします。

Q&A

Q 併設施設で専門性を生かせないと悩んでいる専門士への対応は？

A 専門士の知識を園内で共有する機会をつくります

専門士に対しては、トレーニングのように区切られた時間ではなく、生活の中でどのように専門性を発揮できるかを考えてほしいと伝えています。それだけではなく、例えば、自分の専門分野の知見を園内研修や勉強会で共有する機会を設けるなど、専門士が自分の専門性が役立っていると実感できるような場面をつくるようにしています。

第3章 インクルーシブ保育を可能にする働く環境づくり

仕組みづくり❶
理念の共有と年間計画の策定

目指すべき保育の形を
一人ひとりが体現していく

　どろんこ会が運営する全国約180[※]の施設では、その立地を生かし、個性豊かな職員たちが多様な保育を展開しています。一方、どろんこ会が目指すインクルーシブ保育を全園で実現するには、職員一人ひとりに理念が浸透していくことが大事です。
　年に一度は全職員が参加する全体研修を実施し、どろんこ会が目指す保育の確認と法人としての次年度の施設運営ミッションを共有します。その全体研修の内容を受けて、**各施設では、全職員が参加する「年間計画策定会議」を行い、次年度の運営について話し合います。**
　全職員が一丸となってインクルーシブ保育を実践していくために、理念の共有はその核となる部分です。

※2025年4月現在

進むべき道を確認する「全体研修」

年に一度行われる全体研修には、全職員が参加。代表自ら1年間全国の施設を直接見て感じたことをもとに、次年度の施設運営ミッションを作成、発表します。また、法人の現状や中長期の事業計画、目指していること、大切にしたいことも伝えます。広い会場に集まって開催していたときもありましたが、現在は職員の人数が増えたこともあってオンライン開催に。視聴後のレポート提出など、一方通行にならないことを心がけています。

全職員が一堂に会して行った全体研修では、各施設がテーマに沿ったブース発表をするなどさまざまな企画も。

ミッション共有〜年間計画策定プロセス

10月〜11月ごろ

全体研修
代表から次年度の施設運営ミッションを共有。

12月〜1月ごろ

施設ごとに1年間を振り返る
施設の職員全員で1年間の施設運営について振り返る。

事業計画策定
併設施設では、保育園・つむぎ両施設長が施設の方向性について共通理解のもと
話し合いながら、次年度の施設運営ミッションと1年間の振り返りに基づき
事業計画を作成する。

1月ごろ

「年間計画プロポーザル制度（→P.88）」エントリー開始
全職員が、自分が考える「子どもにとって必要な活動」の企画を
エントリーフォームから入力。

2月ごろ

「年間計画プロポーザル制度」エントリー内容を発表
エントリーされた「子どもにとって必要な活動」を全職員が見られるようになる。

第1回年間計画策定会議（→P.89）
次年度の内定者を含めた全職員が参加。
ここで施設長より次年度の事業計画が発表される。

3月ごろ

第2回年間計画策定会議
「年間計画プロポーザル制度」にエントリーした年間行事について
職員一人ひとりがプレゼンし、次年度に行う活動について全職員で話し合う。
全ての子が自分なりの参加ができ、協働して楽しめるかを考慮しつつ
年間計画を決定する。

4月

新年度スタート
事業計画に基づき、年間計画策定会議で決定した活動を行っていく。

第3章

第3章 インクルーシブ保育を可能にする働く環境づくり

年間計画プロポーザル制度

どろんこ会では年間行事を本部や施設長が決めたり、前年度までのことを踏襲したりはしません。パート・アルバイトも、新卒・中途内定者も含め、保育士、専門士、調理員、看護師、用務員、事務員、保育補助など子どもにかかわる全職員が次年度の年間行事を企画提案できる「年間計画プロポーザル制度」があります。創業当初から大切にしてきた仕組みで、全職員が「子どもに育みたい力」「そのために必要な経験」を考え、提案します。

新卒で入職した保育士が「年間計画プロポーザル制度」で提案・企画した「茶道体験」。自身が高校時代に茶道部だったことから、子どもたちに日本の文化を体験してほしいという思いで提案。先輩職員にアドバイスをもらいながら、子どもたちがイメージしやすいように茶道をイラストで説明しました。

Q&A

Q 行事はどのように決まりますか?

A 全職員によるプレゼンテーションで決まります

年間計画プロポーザル制度は、職員一人ひとりが、子どもにつけたい力につながる「真に必要な経験」を選び抜き、形にしていくための制度です。提出した企画は、その意図やねらいをプレゼンで共有し、職員全員が集まる年間計画策定会議で話し合いながら決めます。「本当に子どもに必要な経験」であれば、「これは無理」と否定することなく、「どうすればできるか?」をみんなで考えて実践します。

職員全員が車座になって次年度の年間目標や「子どもにとって本当に必要な経験」を話し合います。職員どうしのコミュニケーションにもなる場です。

年間計画策定会議

職員が同じ方向を向いて活動していけるように、施設長から次年度の事業計画の説明を行います。その後、次年度に配属が決まっている園にて、パート・アルバイトはもちろん、新卒・中途内定者も含む全職員が「第1回年間計画策定会議」で次年度のねらいについて話し合います。それをもとに具体的な活動計画に落とし込む「第2回年間計画策定会議」を開催します。年間計画プロポーザル制度を通じて提出した企画についてのプレゼンも行われ、意見を出し合いながら「次年度に本当にやるべき活動」を決定します。

年々進化していく「保育品質マニュアル」

どろんこ会では、創業以来法人として大切にしてきた理念や方針を周知するために「保育品質マニュアル」を作成しています。29項目からなり、理念から現場で生かせる基本スキルまで網羅しています。インクルーシブ保育を実践するにあたり、支援が必要な子に対する基本的な考え方や受け入れまでの流れ、加配についての考え方も明記されています。このマニュアルは正規職員だけでなく、パート・アルバイトを含め、施設で働く全職員に貸与しています。理念の共有を基盤に、施設長たちの経験をもとに毎年改訂されており、インクルーシブ保育を実践するために現場が本当に必要としているありとあらゆる内容が盛りこまれています。

第2回年間計画策定会議では、畑の畝づくり研修も行います。職員自身が畑仕事を理解し、その意義をあらためて話し合い、直接体験する機会となります。

第3章 インクルーシブ保育を可能にする働く環境づくり

仕組みづくり❷
シフトの見える化

丁寧な保育のための見直しと効率化

　子ども一人ひとりに丁寧な保育をするためには、**職員が心身に余裕をもつことが大事です。運営側・施設長には綿密なシフトづくりと業務の効率化が求められます。**

　誰もが十分な休憩がとれているか、また事務作業の時間や職員どうしが会話できるような時間もとれているか、施設長は全体を見ながらシフトを考えます。また、必要に応じてデジタルツールを取り入れ、手間のかかる事務作業は可能な限り簡略化をしていきます。

　一見保育そのものとはかけ離れたことのように思えますが、働きやすい仕組みがあってこそ良好な職員間コミュニケーションが成り立ち、それぞれの得意を発揮することができ、それがインクルーシブ保育を進めるための土台となるのです。どろんこ会では、独自に開発したシステム（特許出願中）で園児の登園状況と職員配置を時間ごとに管理することで、必要な人員を一目でわかるようにしています。

人の多さとスムーズなシフト管理は別問題

　ゾーン保育においては、誰がどのタイミングで何をする、といった担当分けを行い、それを業務指示として全員で共有できていることが欠かせません。特に、午前の外遊びから昼食に移る流れは、一斉保育と違って子どもが思い思いのタイミングで動きます。遊びを見守る担当、昼食の準備をする担当、手洗いや着替えのサポートをする担当などに分かれるとともに、いつでも交代できるようにしておくことで、突発的な事故にも対応でき、職員の疲弊を防ぐこともできるのです。ただ、人がたくさんいるからといってその時間がとれるかは別問題です。施設長は日々保育の現場を見ながら、子どもたちと職員の動きを確認し、どこが混み合っているのか、どこで詰まっているのかを把握し、動線の見直しをすることも大事です。

ノンコンタクトタイムの重要性

　質の高い保育を行うためには、職員がしっかり休憩をとり、リフレッシュするノンコンタクトタイムが必要です。そうすることで勤務時間は子どものために全力を傾けることができます。全員が十分な休憩をとれるようにするためにも、職員一人ひとりが今どの役割を担っているのかを明確にしています。

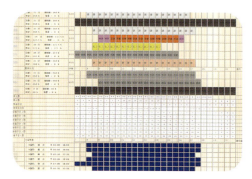

どろんこ会では職員のシフトと園児の登園状況から、必要な人員が一目でわかるよう独自のシステムで管理しています。写真は管理画面の一例。

🦋 八山田どろんこ保育園の幼児クラスのシフト例

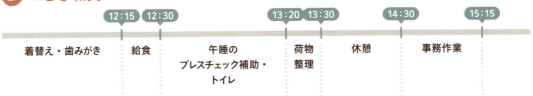

八山田どろんこ保育園・発達支援つむぎ 八山田ルームでのシフト例です。保育士とつむぎの職員3〜4名がひとチームになって保育を行い、状況に応じてほかの職員も加わります。

Q&A

Q 児童発達支援の職員は食事の介助やおむつ替えも行いますか?

A はい、行います

併設施設においてはつむぎの職員も一保育者であり、保育園の職員も一支援者であることが大前提です。入職の際には全員がOJT研修を受け、そこでおむつ替えや食事の介助も経験し、現場に入ります。このような双方支援を通じて、インクルーシブ保育が園全体に浸透していくのです。

第3章 インクルーシブ保育を可能にする働く環境づくり

仕組みづくり❸
双方支援を実現させるための学び合い

会議・研修をともに行う

　質の高いインクルーシブ保育を実践していくためには、職員が学び合い、成長できる研修や話し合いの場を確保していく必要があります。

　実はどろんこ会でも併設施設を初めて開設してから数年は、多くの会議が保育と発達支援で分かれて行われていました。しかし、それでは真の意味でのインクルーシブ保育がなかなか進まないことがわかり、**会議体を一つにしたり、勉強会を一緒に行ったりするよう見直しました**。さらに、本部では保育園を統括する運営部と、児童発達支援センター・事業所を統括する発達支援事業部とに部署を分けていましたが、組織自体のインクルージョンを実現できていないにもかかわらずインクルーシブ保育をすることができるのだろうかと問い直し、2023年に両部署を統合しました。

　会議体においては**園・つむぎの全施設長が一堂に会する施設長勉強会**をはじめ、**併設施設の施設長どうしが情報共有・意見交換する併設施設長会議**、さらに施設だけでなく世代も超えて学び合う**「子育ての質を上げる会議」**などもあります。園・つむぎによる双方支援を実現し、保育の質を高めていくため、会議体も一体化しています。

ある園の日常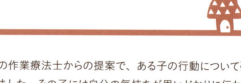

**保育士と専門士が
それぞれの見方・
考え方を理解し合えた**

香取台どろんこ保育園
発達支援つむぎ 香取台ルーム

　つむぎの作業療法士からの提案で、ある子の行動について研修を行いました。その子には自分の気持ちが思いどおりに伝わらない場面で机や棚の上に上るという行動が見られました。保育士はその子の気持ちに寄り添い、心理面の安定を図るかかわりをするのに対し、作業療法士はなぜ上るのかを分析し、要因となる物的環境を取り除くべきか、また、行動の前後に注目するなど、どういうポイントで見ているのかを共有しました。この研修を通じ双方の見方や考え方への理解が深まりました。

全施設長が集まり勉強会を開催

施設長勉強会では1年間のシラバスを決め、園・つむぎの全施設長が集まり、学びを深めます。その内容は、保育計画、労働環境、保育品質マニュアルの理解など多岐にわたります。現場実践と振り返りを徹底し、質の高いインクルーシブ保育につなげていくために、施設長自身も常に自身を更新する機会となります。

日々の保育の記録を振り返り、話し合いの中で自らの保育をとらえ直します。

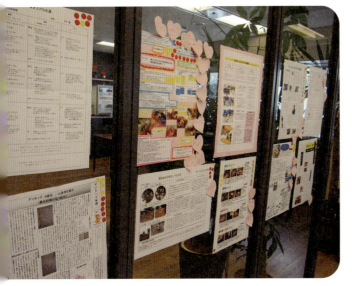

参加した職員は、会議で学んだことを施設に持ち帰って実践・共有する役割があります。これが法人全体の保育の質の向上にもつながっていきます。

「子育ての質を上げる会議」

エリアごとに年間12回開催されるのが「子育ての質を上げる会議」です。各施設のリーダー層に加えて、若手から中堅まで意欲あふれる職員が参加します。当初は「保育の質を上げる会議」という名称でしたが、つむぎ職員も参加するため「子育ての質を上げる会議」に変更した経緯があります。テーマを設け、座学だけでなく、他施設の職員とのディスカッションを重ね、発表も行います。さらに学び合いの成果を持ち帰り、各園で実践に落としこんでいます。これからの施設運営を支えていくリーダーの育成の場でもあるのです。

併設施設に特化した情報を共有する
併設施設会議

併設施設の施設長がエリアごとに集まって会議を行っています。新たに開所した施設や新任施設長が多いエリアでは月に1回、それ以外のエリアではおおむね半年に1回程度開催し、インクルーシブ保育をいかに深めていくか、保育園とつむぎの連携について、つむぎ職員の保育へのかかわり方などのテーマで情報共有と意見交換を行います。

第3章 インクルーシブ保育を可能にする働く環境づくり

仕組みづくり❹
学んで教えて、また学ぶ

自ら学び、研鑽する文化をつくる

　どろんこ会では**職員が自ら学び、研鑽していくという意欲を大切にしています**。また、安易に外部に頼ることはせず、必要な学びがあればまずは自分たちでつくり出すことにこだわっています。

　インクルーシブ保育についても、なぜ必要なのかを全職員が共通理解するには、職員どうしの学び合いが欠かせません。どろんこ会の保育・インクルーシブ保育を実践するために必要な講座がそろう**「園長大学®保育士大学」の活用をはじめ、職員どうしの自主研修も盛んです。**

　また、職員自身の生きる力の向上を目指す「デンマークインターンシップ研修」を毎年実施しています。社内公募により選ばれた職員が、デンマークの提携保育園で2週間、保育者として勤務します。自分を成長させるために学ぶ機会を惜しみなく提供することで、保育の質が高まり、インクルーシブ保育の実践へとつながっていくのです。

現場施設長が講師に
視察研修も受け入れ

どろんこ会では自分たちが教えることでも学びを深めています。東京都保育士等キャリアアップ研修を受託し、現場の施設長が講師を務めています。また、全国の自治体や保育事業者からの依頼を受け、インクルーシブ保育や医療的ケア児の保育の実践についての講演も多数行っています。ウズベキスタン、中国、韓国、フランス、スイスなど国外からの視察の問い合わせも相次いでいます。台湾とは「台湾研修生海外研修支援事業」に関する協定書を締結し、どろんこ会のインクルーシブ保育を学ぶ機会を提供します。こうした機会に職員が意見交換することも学びにつながります。

※どろんこ会の視察・研修に関するお問い合わせについては
https://www.doronko.jp/contact/

特別支援教育の改善とインクルーシブ教育の導入・拡充を図るウズベキスタンの教員が、日本のインクルーシブ保育を学ぶため香取台どろんこ保育園を視察しました。

デンマークの保育者の子どもとのかかわり方や、デンマークの文化を直接体験することで、保育者としてのあり方を見直す機会にもなります。

学び合いのプラットフォーム
「園長大学®保育士大学」の活用

どろんこ会では学び合いのプラットフォームである「園長大学®保育士大学」を活用しています。『「インクルーシブな保育」導入のススメ』の著者であり現役園長でもある若月芳浩先生をはじめ、児童精神科医の本田秀夫先生など多彩な講師によるインクルーシブ保育・教育の学びがあります。そのほか、性教育、触覚科学×保育、小学校接続などについての豊富な動画コンテンツだけでなく、1泊2日で防災について学ぶ旅を開催するなど実地研修も行われています。

※園長大学®保育士大学については
https://jwri.jp/service/learning

大人の「にんげん力」を育む田植え・稲刈りの研修も実施しています。

第3章 インクルーシブ保育を可能にする働く環境づくり

どろんこトーク ⑤

併設施設の施設長

併設施設の保育園、つむぎの施設長はどろんこ会のインクルーシブ保育の理念を理解し、実践の先頭に立つ存在です。全ての職員、子どもを日々見守る中で、インクルーシブ保育とは何か、そして併設施設のよさについて語りました。

八山田どろんこ保育園
施設長・真島里佳

インクルーシブ保育は
特別ではない

　子どもどうしお互いに「仲間」として支え合う姿が見られます。仲間だからこそ、時にはケンカもし、我慢も遠慮もありません。本音でぶつかり合い、また仲良く遊び始めます。「この子は〇〇だから」ではなく、互いのよさを知り、多様性を尊重し、心からフラットに向き合い過ごしています。ともに過ごすインクルーシブ保育は決して特別なことではないと思えます。

　どの子にとっても「その子らしさ」が保障される空間で生活しています。「みんな同じに」ではなく、「生活の仕方はそれぞれ違っていいよね」。子どもも職員も「ありのまま」、「ジブンらしく」が尊重される場を大事にしています。例えば、身支度を整えるのが難しい子がいると、子どもどうしで手伝っています。誰に促されることなく自分の意思で困った子に手を差し伸べる子どもの姿から、教えられることが多くあります。インクルーシブ保育というと難しく考えがちですが、やってみれば子どもが答えを教えてくれます。私たちはその後ろを歩いている、そんな感覚でいます。

香取台どろんこ保育園
施設長・篠﨑理恵

併設施設で身につけた力は
いつまでも残り続ける

　ある日の昼食の時間、私の隣で食べていたあるお子さんが一生懸命私に話しかけてくれたのですが、まだ言葉が明瞭でないこともあって、2回聞き返したのに、2回とも聞き取れなかったんです。もう一度聞き返そうとしたら、向かいで食べていた子が「だから、"〇〇〇が好き"って言ってるじゃん！　何でわからないの？」と説教されてしまいました（笑）。

　二人はいつも一緒に遊んでいるので、その言葉を聞き取れるのはその子にとって当たり前のことで、特別に「配慮しよう」「助けてあげよう」とは思っていません。その感覚が幼児期のうちに育っていくと、小学生、中学生と成長していく中でも「にんげん力」として残っていくのだと思います。大人が「こうしなさい」「こうだよ」と伝えなくても、子どもたちは日常の中からいろいろな力を身につけていることを感じます。机の上では学べない大切な力が自然と身についていく。それが併設施設のすごいところですよね。

子ども発達支援センターつむぎ 東大和
施設長・中村大輔

生活の中での専門性の発揮は
常に話し合いと実践から

　つむぎには専門士のほかに、特別支援学級介助員や重度心身障害児施設の支援員など、さまざまな経歴をもった職員がいます。多様な職員が子どもとかかわり、多角的な視点と専門性で必要な支援について話し合い、実践していくことを大事にしています。

　例えば、あるダウン症のお子さんは入園当初、食べ物を舌で押し返して「絶対に食べない！」という状態でした。保育士も交えた話し合いで「まずは食べることへの興味を広げたほうがよいのでは」という意見があり、食事を手づかみでこねたり遊んでみたりすることをあえてしばらくの間見守りました。また、環境を変える、顔の唾液腺をマッサージする、口の体操をするなど、ベテラン支援員や保育士の経験をもとに、さまざまな支援を行いました。すると、少しだけなめてみたり、口に入れたりする段階を経て、数か月後にはほかの子と同じように食事ができるようになりました。職員それぞれの専門性が生きる場面は必ずあります。そのためにも、今の子どもたちに必要な支援について、常に話し合っています。

発達支援つむぎ 八山田ルーム
施設長・阿久津祐太

保育園とつむぎ両方で
その子にとって必要な支援を考える

　保育園児として2歳から入園した子は、登園後にずっと泣いていて、昼食もみんなと食べることができませんでした。しばらく様子を見ていく中で、つむぎを併用すればよりよい支援につながると考え、保護者の方の気持ちに寄り添いながら話し合っていきました。同じ施設なので実際の支援の様子も見ていただきながら、「つむぎってこんなところなんですよ」と丁寧に説明をすることで、保護者の方の理解を得られ、つむぎを併用することになりました。

　今、昼食もみんなと一緒に食べておかわりをする姿を見ていると、ここが安心して過ごせる場所になったのだと実感しています。集団生活の中で一人ひとりに合わせた支援ができるのも併設施設ならではのよさではないかと思います。

第3章

第 4 章

インクルーシブ
保育施設を
つくるには

保育と児童発達支援を一体的に行う
インクルーシブ保育施設はどのような制度の
もとに成り立っているのでしょうか。
実際に開設を考える際には
自治体とどのようなやりとり、
手続きが必要なのでしょうか。
どろんこ会の併設施設での
多くの実践事例をもとに紹介していきます。
全国の自治体や事業者から
多く寄せられる質問と
回答のポイントもお伝えします。

第 4 章 インクルーシブ保育施設をつくるには

併設施設のタイプ

開設の仕方は2パターンある

　併設施設の開設には大きく分けて2つのパターンがあります。**新規開設の際に一つの建物の中に保育園と児童発達支援事業所を併設する「一つ屋根の下型」**は想像がつきやすいでしょう。

　どろんこ会では2015年から併設施設の運営に取り組んでいますが、最初にオープンした駒沢どろんこ保育園・発達支援つむぎ 駒沢ルームでは制度上の制限があり、ビル内の同じフロアの隣どうしという形にせざるを得ませんでした。2016年開設のふじみ野どろんこ保育園・発達支援つむぎ ふじみ野ルームでようやく「一つ屋根の下型」の第一歩を踏み出し、現在はほとんどの併設施設がこの形です。

　もう一つのパターンとして、2021年に全国に先駆けて開設した、**既存の認可保育園の空きスペースを児童発達支援事業所に転用する「空きスペース転用型」**があります。2024年時点で、神奈川県、福岡県、沖縄県にこの形の併設施設を展開しています。

　公立保育園の民営化、既存施設の建て替え時などもインクルーシブ化するチャンスです。また、少子化が進む現在においては、空きスペース転用型の需要も高まっています。

一つ屋根の下に新規開設

　保育園新設の際に、児童発達支援事業所を併設するインクルーシブ型として自治体に提案、申請をして開設するものです。新規開設以外にも、公立保育園の民営化の際に事業者の公募があり、インクルーシブ型として行政に提案し、採択される流れもあります。どろんこ会においては、児童発達支援事業所だけでなく、放課後等デイサービスや学童保育など、より多機能な「一つ屋根の下型」も実現しています。

既存園の空きスペース転用型

　神奈川県横浜市の新羽どろんこ保育園の子育て支援室として使用していたスペースを転用し、2021年に発達支援つむぎ 新羽ルームを開設。開園後に併設施設となったパターンです。時代のニーズに合わせた多機能化、併設の方法として、ほかの地域でも可能性を探っていき、2024年には沖縄県うるま市の前原どろんこ保育園、福岡県糟屋郡篠栗町の篠栗どろんこ保育園も同様の方法で併設施設となりました。

福岡県にある篠栗どろんこ保育園は公立幼稚園の民営化を受託し、2022年4月より運営を開始しました。2023年に幼保連携型認定こども園となり、2024年5月には発達支援つむぎ 篠栗ルームを開所。併設化によりさらに価値を高めています。

2018年に開設された千葉県の宮下どろんこ保育園・発達支援つむぎ 宮下ルーム。公立保育園の民営化にあたって、インクルーシブ型の提案が採択され、開設に至りました。

2016年に開設したふじみ野どろんこ保育園・発達支援つむぎ ふじみ野ルーム。当時は制度上、保育園とつむぎで玄関も職員室も分けなければなりませんでした。これが運営上の困難さの原因となりました。

第4章

沖縄県うるま市内の児童発達支援のニーズの高まりに応じ、開園6年目となる前原どろんこ保育園の一部スペースを転用。2024年5月に発達支援つむぎ 前原ルームを開所し、併設施設となりました。

第 **4** 章 インクルーシブ保育施設をつくるには

併設施設をつくるための基礎知識❶
国・自治体の動き

「壁のない」一体となった
施設がようやく実現

日本では2012年に施行された改正児童福祉法において児童発達支援が位置づけられ、発達障害の認知度が高まりました。しかし、未就学児は通園の有無に関係なく、発達支援を園とは別の場所で受けなければならず、早期から「分けて支援する」状況にありました。

これに対し、2022年9月、国連の障害者権利委員会より改善勧告が発表されました。母子保健法に基づき行われている早期発見・早期療育が、障害のある子どもを社会的に隔離することにつながると指摘され、**全ての障害のある子どもの完全**

な社会的包摂の権利を認め、ほかの子どもと平等に一般の保育制度を十分に享受できるよう、現行の法律の見直しも含め、全ての措置を講じることを求められたのです。

そのような流れの中で、日本でも保育園と児童発達支援事業所を併設する場合、設備や人員を分けなくてよいと制度が見直され、一つ屋根の下で活動できる併設施設の設置・運営が正式に認められました。このような国内外の動き、通知、省令を熟知しておくことが、新たなインクルーシブ施設の実現を後押ししてくれるでしょう。

「保育所等におけるインクルーシブ保育に関する留意事項等について」より

（厚生労働省子ども家庭局保育課 厚生労働省社会・援護局障害保健福祉部障害福祉課令和4年12月26日）
※一部引用、太字は筆者による

児童福祉施設の設備及び運営に関する基準（昭和23年厚生省令第63号）第8条及び家庭的保育事業等の設備及び運営に関する基準（平成26年厚生労働省令第61号）第10条の規定により、児童福祉施設及び家庭的保育事業所等（以下「保育所等」という。）が他の社会福祉施設を併設している場合であっても、入所している者の居室、各施設に特有の設備、入所している者の保護に直接従事する職員（以下「特有の設備・専従の人員」という。）については併設する施設の設備・職員を兼ねることができないこととされております。

この規定に基づき、例えば、保育所等に児童発達支援事業所が併設されている場合において、保育所等を利用する児童と児童発達支援事業所を利用する障害児をともに、「特有の設備」である当該保育所等の保育室において保育

することは、仮に両児童を保育するのに必要な保育士や面積が確保されている場合であっても、認められないこととなっております。

今般、こうした点について、地域における保育所・保育士等の在り方に関する検討会（令和3年12月取りまとめ）における議論も踏まえ、保育所等の設備や職員を活用した、社会福祉サービスを必要とする児童等の社会参加への支援が進むよう、改正省令第一条及び第五条の規定により、上記規定に例外規定を設け、**必要な保育士や面積を確保することを前提に、利用児童の保育に支障が生じない場合に限り、保育所等について他の社会福祉施設との併設を行う際に、特有の設備・専従の人員についても共用・兼務できることとしました。**

インクルーシブ保育にかかわる各種通知

2022年9月

国連の障害者権利委員会が日本政府に対し、障害児を分離した特別支援教育の中止などを求める勧告を発表しました。

インクルーシブポイント

障害のある子とそうでない子を「分けて」支援や教育を行うことは、国連から日本に対して勧告を受ける状態にあり、世界的なインクルーシブ教育・保育の時流とマッチしないことがわかります。

2023年3月

東京都福祉保健局が開催した令和4年度障害児通所支援事業所説明会における留意事項の解説の中で「インクルーシブ保育を実施する場合、指導訓練室と保育室の仕切りがない一体的な空間となる」と口頭での説明がありました。

インクルーシブポイント

規定の見直しによって建物と人員の共用・兼務が可能となりましたが、保育園と児童発達支援事業所のスペースは壁で区切るように自治体から求められてきました。ですが、東京都が「仕切りがない一体的な空間となる」と説明したことで、完全に同じスペースで生活する保育の形が可能になり、実例としてほかの自治体にも提案できるようになったのです。

2022年12月

厚生労働省は認可保育所と児童発達支援事業所を併設するにあたっての障壁となっていた省令の改正と施行について、全国の保育主管課と障害児支援担当課に向けて「保育所等におけるインクルーシブ保育に関する留意事項等について」という「事務連絡」を発出しました。その後、2023年4月に改正省令が施行され、保育園と児童発達支援センター・事業所双方が同じ施設を共用でき、職員も双方の子どもを支援できるようになりました。

インクルーシブポイント

完全に混ざり合うインクルーシブ保育施設を立ち上げようとしたときに壁になっていたのが、保育園と児童発達支援事業所を併設する場合も、職員や空間を分けなければならない規定があったことです。ですが、2023年4月に、一定の条件を満たせば、設備や人員を共用・兼務できるように規定を改正する省令が施行されたことで正式に「一つ屋根の下の双方支援」が認められました。

内閣府規制改革推進室が視察、意見交換しました。

第4章

第 4 章 インクルーシブ保育施設をつくるには

どろんこ会の併設施設の歴史

2015年
駒沢どろんこ保育園・
発達支援つむぎ
駒沢ルーム（東京都世田谷区）を開設

ビルの2階に保育園をオープンする際に、隣につむぎを開設。本来は一つの空間としたかったところ、制度上、入口も区画も別にせざるを得ませんでした。

2016年
「一つ屋根の下型」として
ふじみ野どろんこ保育園・発達支援つむぎ
ふじみ野ルーム（埼玉県ふじみ野市）を開設

公立保育園の閉園に合わせて、近接地に施設を新築。同じ建物の中に保育園と児童発達支援事業所を併設する「一つ屋根の下型」の最初の施設です。ただし、1階を保育園、2階をつむぎのスペースにして、玄関も職員室も別々につくらなければなりませんでした。

2階に設置された発達支援つむぎ ふじみ野ルーム。

2017年
北千住どろんこ保育園・
発達支援つむぎ
北千住ルーム（東京都足立区）を開設

鉄道の高架下を活用した施設。完全なインクルーシブ保育施設に一歩近づき、一つの玄関と職員室を、保育園とつむぎで使えるようになりました。また、設計段階で、つむぎカフェと保育室を隔てる壁に穴を開け、トンネルのような通路を設置して、そこを絵本コーナーとしました。自治体から一度はふさぐことを求められましたが、協議の結果ふさがずに運営することが認められ、完全なインクルーシブ保育の実現に向け、文字通り大きな風穴を開けました。

保育園とつむぎをつなぐトンネル。保育園とつむぎが一つの空間として使えるようになった、象徴的な場所です。

2018年

宮下どろんこ保育園・発達支援つむぎ 宮下ルーム（千葉県君津市）を開設

公立保育園の民営化時に併設施設を提案し、初めて採択されました。玄関、職員室は一つにし、保育園とつむぎの間は壁ではなく引き戸を設置することで許可が出ました。

つむぎと園を仕切るものが壁ではなくなりました。

2021年

2014年開園の新羽どろんこ保育園に発達支援つむぎ 新羽ルーム（神奈川県横浜市港北区）を開設

既存の認可保育園に児童発達支援事業所を開設するという新たな併設モデルに挑戦。横浜市とも協議を重ねて実現に至りました。全国初の試みだったことから、さまざまな自治体からの視察依頼が相次ぎました（→P.110）。

2023年

香取台どろんこ保育園・発達支援つむぎ 香取台ルーム・香取台どろんこ 学童保育室（茨城県つくば市）を開設

保育園と児童発達支援事業所に加えて、放課後等デイサービスと学童保育の4施設を備えた多機能型施設に。小学校隣接地で、未就学児から小学生までインクルーシブに生活する場になっています（→P.116）。

2024年

東大和どろんこ保育園・子ども発達支援センターつむぎ 東大和（東京都東大和市）を開設

東大和市の児童発達支援センターの民営化に伴いインクルーシブ型を提案。保育園と児童発達支援センターの併設は、東京都では初の試みです。相談支援事業、親子通園など、地域の児童発達支援の要となる機能を果たします（→P.114）。

第4章 インクルーシブ保育施設をつくるには

併設施設をつくるための基礎知識❷
手続きについて

インクルーシブ施設の実現を裏づける実例や制度を理解する

　併設施設をつくるための手続きにあたって、まず知っておきたいのは、**保育園と児童発達支援事業所等で自治体の担当部署が異なる**ということです。保育園は主に保育課、児童発達支援事業所等については主に障害福祉課に相談や申請を進めていくことになります（自治体によって組織や部課名は異なります）。基本的に異なる部署での情報共有はされないことが多いので、それぞれの部署に説明を行うことになります。

　これまでどろんこ会でも、インクルーシブ施設の開設についてさまざまな自治体と協議を重ねてきましたが、全ての自治体で最初からスムーズに話が進んだわけではありません。すでに制度上も認められているはずなのに、壁のないインクルーシブ施設をつくることに対して「不可能」だと一蹴されるケースは今でも全国各地で起きています。ですが、可能である根拠はすでに存在し、併設施設の実例もどろんこ会が多数つくってきました。**説明の根拠になるような制度や通知などを理解したうえで、自信をもって手続きに向かいましょう。**

保育園新設・改修
についての相談・申請

保育課など

児童発達支援事業所・
児童発達支援センター新設に
ついての相談・申請

障害福祉課など

保育園と児童発達支援事業所等は認可や指定権者が異なる場合も

保育園については多くの場合、市区町村の保育課で手続きを進めますが、児童発達支援事業所等については主に都道府県とのやりとりになります。
※2025年3月時点では市や区が指定の場合もあります。

根拠となる国の通知 厚生労働省からの改正省令

2022年12月26日に厚生労働省子ども家庭局保育課、厚生労働省社会・援護局障害保健福祉部障害福祉課から出された「保育所等におけるインクルーシブ保育に関する留意事項等について」には、一定の条件を満たせばインクルーシブ施設で保育園と児童発達支援事業所等を分けなくてもよいと示されています。この内容は熟読し、理解したうえで手続きを進めましょう。

※こども家庭庁サイトの「保育」のページ（https://www.cfa.go.jp/policies/hoiku）からも閲覧可能。

「保育所等におけるインクルーシブ保育に関する留意事項等」について

（厚生労働省子ども家庭局保育課 厚生労働省社会・援護局障害保健福祉部障害福祉課
令和4年12月26日）※一部引用

面積について

保育園、児童発達支援事業所等それぞれに、対象となる子どもの年齢や人数に応じて必要な面積が定められています。通知内の例でいえば「保育園では30㎡、児童発達支援事業所等では20㎡必要」となった場合は足し算で50㎡の保育室が必要です。「50㎡に加えて児童発達支援事業所等の子どもが過ごす20㎡、つまり70㎡の保育室が必要」と誤った意味にとられ、面積を満たさないため併設ができないとされてしまう可能性があるので、注意が必要です。

「発達支援」時間の確保

保育園の子どもたちと混ざり合う遊びや生活の時間も「一人ひとりの支援計画に沿った発達支援」である、というのがどろんこ会のインクルーシブ保育の考え方です。「室内で個別に行う訓練だけが発達支援ではない」ということを理解し、納得してもらえるような説明とその論拠を用意しておかねばなりません。

1. **実施に当たっての具体的な留意事項等**
❶**児童発達支援事業所等との併設・交流について**
(1) 保育所等と児童発達支援事業所等が併設されている場合において、各施設に特有の設備・専従の人員の共用・兼務を行う際は、以下の要件を満たす必要がある。
●保育所部分、児童発達支援事業所等部分のそれぞれにおいて、各事業の対象となる児童の年齢及び人数に応じて各事業の運営に必要となる職員が配置されていること（例：保育所の満3歳児40人が、併設する児童発達支援事業所の障害児20人と交流する場合、保育士の人員の基準については、それぞれ、保育所として満3歳児40人の基準である保育士2人以上、児童発達支援事業所として障害児20人の基準である保育士4人以上を満たしている必要がある。）
●交流を行う設備（保育室等）については、各事業の対象となる児童の年齢及び人数に応じて各事業において必要となる面積を合計した面積が確保されていること（例：交流を行う保育室の面積について、それぞれの面積基準に基づき、保育所として30㎡必要、児童発達支援事業所として20㎡必要な場合、保育室の面積は50㎡以上必要となる。）
(2) また、改正省令により、例えば、保育所と児童発達支援事業所等が、一日の活動の中で、設定遊び等において、こどもが一緒に過ごす時間を持ち、それぞれの人員基準以上の保育士等が混合して支援を行う等、一体的な支援が可能となるが、その交流の際、「障害児の支援に支障がない場合」として留意すべき点は以下の通りである。
●児童福祉法に基づく指定通所支援の事業等の人員、設備及び運営に関する基準 第27条第1項に規定される「児童発達支援計画」において、保育所等との交流における具体的なねらい及び支援内容等を明記し、障害児又はその保護者に対して説明を行い、同意を得ること
●障害児一人一人の児童発達支援計画を考慮し、一日の活動の中で発達支援の時間が十分に確保されるように留意すること
●通所する障害児やその保護者に対して、交流のねらいや障害児が共に過ごし、互いに学び合うことの重要性を丁寧に説明すること
●障害児の発達状態及び発達の過程・特性等を理解し、一人一人の障害児の障害種別、障害の特性及び発達の状況に応じた適切な支援及び環境構成を行うこと
●交流を行うにあたり、複数のグループに分かれて交流することや、一部の障害児のみが交流を行うことも想定されるが、その際には障害児の障害特性や情緒面への配慮、安全性が十分に確保される体制を整えるよう留意すること
●交流を行う際の活動等については、障害児の障害特性や発達の段階等の共通理解が図られた上で設定されることが望ましいことから、交流する保育所等の保育士等も交えながら検討していくこと
●支援を行う際には、「児童発達支援ガイドライン」の内容を参照し、また、「保育所保育指針」（平成29年厚生労働省告示第117号）等の内容についても理解することが重要であること

第4章

第4章 インクルーシブ保育施設をつくるには

併設施設をつくるための基礎知識❸
お金について

補助金・助成金について知っておく

新しく保育所を建てる場合には、国や都道府県、市区町村から補助（補助金・助成金）を受ける制度があります。児童発達支援事業所、児童発達支援センターの開所についても同様の仕組みがあります。

また、既存園の空きスペース転用の際には、別の注意点があります。**新設・改修時に工事費用の補助を受けた保育園の一部を児童発達支援事業所等に転用する場合、転用する面積分は財産処分の手続きを行わなければなりません。**補助の一部を返還することが必要なケースもありますが、児童発達支援事業所等や放課後等デイサービスなどに転用する際は多くの場合免除されます。なるべく早い段階で自治体との協議を始めるとよいでしょう。

インクルーシブ保育施設をつくる場合の主な補助金・助成金
（2024年時点※）

就学前教育・保育施設整備交付金

保育所、認定こども園、小規模保育事業所などの新設や修理、改造、整備にあてることができる補助金です。

保育環境改善等事業
（保育対策総合支援事業費補助金）

保育所等で障害児を受け入れるために必要な改修等や病児保育事業（体調不良児対応型）を実施するために必要な設備の整備にあてることができる補助金です。

社会福祉施設等施設整備費補助金

児童発達支援事業所、放課後等デイサービス、児童発達支援センターが対象になるかは自治体によって異なりますが、地方自治体が障害福祉サービス事業所などの施設整備に要する費用の一部について補助を行うものです。

※制度や手続き、スケジュールは自治体によって異なります。詳細は各自治体でご確認ください。

財産処分に対する
厚生労働省の見解

補助金を受けて設置した認可保育園の園舎を別の目的に使う場合は、転用するスペース分について財産処分を行う必要があります。ただし、補助金返還については、児童発達支援事業所等や放課後等デイサービスへの一部転用であれば、返還は不要であるとの通知が厚生労働省より出ています。

補助金の
交付時期に注意

児童発達支援事業所等は協議を始めてから決定までに時間がかかるため、保育園の補助金の交付と足並みがそろいません。補助金交付決定の内示前に工事を始めてしまうと、補助金を受けることはできないので、保育園との併設型で新規開設の場合は、交付が遅い児童発達支援事業所等の補助金は実質的には受け取れない可能性が高くなります。

第4章

「厚生労働省所管一般会計補助金等に係る財産処分について」
子ども家庭局所管一般会計補助金等に係る承認基準の特例（令和6年4月1日現在）※一部引用

(7) 地方公共団体が行う経過年数が10年未満の児童福祉施設等の補助施設等の一部の転用(※)であって、次の条件をいずれも満たす場合

ア 転用後の用途が別表に掲げる高齢者、障害者、児童等の福祉に関する施設等（厚生労働省所管の補助金等の対象となる事業に係る施設等又は企業主導型保育事業を行う施設に限る。）であること。

イ 当該地方公共団体が当該事業に係る社会資源が当該地域において充足しているものとの判断の下に行うものであること。

※一部の転用に当たるかどうかは、転用後も当初の補助対象事業等が継続されていることで判断される。

【別表】※一部引用
申請手続の特例（包括承認事項）とする財産処分後の施設等・国庫納付に関する条件を付加しない財産処分後の施設等

- 保育所（分園を含む）
- 認定こども園
- 小規模保育事業所
- 次世代育成支援対策推進法第11条第1項に規定する交付金に関する省令（平成17年厚生労働省令第79号）第1条第2項に規定する施設
- 放課後児童健全育成事業を実施するための施設
- 病児保育事業所
- 企業主導型保育事業を行う施設
- 障害福祉サービス事業を行う事業所（療養介護、生活介護、自立訓練、就労移行支援、就労継続支援、居宅介護、重度訪問介護、同行援護、行動援護、短期入所、就労定着支援、自立生活援助、共同生活援助、児童発達支援、放課後等デイサービス、居宅訪問型児童発達支援、保育所等訪問支援）
- 障害者支援施設
- 身体障害者社会参加支援施設
- 児童福祉施設（障害児入所施設、児童発達支援センター）

他

第4章 インクルーシブ保育施設をつくるには

実例❶認可園の空きスペース転用

新羽どろんこ保育園（神奈川県）／篠栗どろんこ保育園（福岡県）／
前原どろんこ保育園（沖縄県）

空きスペースを有効活用し、インクルーシブ保育を実践

2021年に開設した神奈川県の**発達支援つむぎ 新羽ルーム**は、既存の新羽どろんこ保育園の子育て支援スペースを指導訓練室に改装してスタートしました。当時は、認可保育園として整備補助を受けた施設の一部を転用するスタイルは全国的にも前例がなく、自治体との協議に約1年かかりました。その後、厚生労働省からの改正省令によって、一つの建物内に保育園と児童発達支援事業所の併設が可能であるとされたため、現在は自治体への申請や手続きも以前よりはスムーズに行えるようになっています。

どろんこ会では、2024年には福岡県の篠栗どろんこ保育園、沖縄県の前原どろんこ保育園をこの形で併設施設としました。

急速な少子化が進む現在、**園の多機能化は、経営の安定にもつながるという側面もあり、既存園のスペースを転用する形のインクルーブ施設は今後も求められていく**と思われます。しかし、自治体によっては、前例がないことで手続きに時間がかかる場合もあるため、協議を行うにあたっては関係する省令などはきちんと理解しておき、根拠となる資料や実践事例とともに説明できるようにしておきましょう。

インクルーシブ保育のパイオニアとして
新たなモデルへのチャレンジ

壁のないインクルーシブ施設の開設を推進していく中で、併設施設は今後必ず全国で必要とされてくるであろうこと、また新設に限らず、今ある保育所の空きスペースを活用するモデルの必要性も高まってくるだろうと見込んでいました。そこで、どろんこ会はインクルーシブ保育のパイオニアとして、全国に先駆けて既存施設の空きスペースの転用にチャレンジしました。

幼保連携型認定こども園でも
併設はできる

幼保連携型認定こども園は「就学前の子どもに関する教育、保育等の総合的な提供の推進に関する法律（認定こども園法）」によって定められた施設であり、教育や保育の内容は「幼保連携型認定こども園教育・保育要領」に基づいて行われます。保育園とは根拠法が異なることは理解しておく必要がありますが、2023年4月からのインクルーシブ保育に関する改正省令の施行に合わせて、「幼保連携型認定こども園の学級の編制、職員、設備及び運営に関する基準」等も一部改正されており、インクルーシブ型施設を開設することは可能です。

新羽どろんこ保育園での改修例

子育て支援スペースにあったキッチンを撤去して指導訓練室とし、壁を立てて前室を作りました。必要な面積があれば、工事は比較的小規模ですみます。

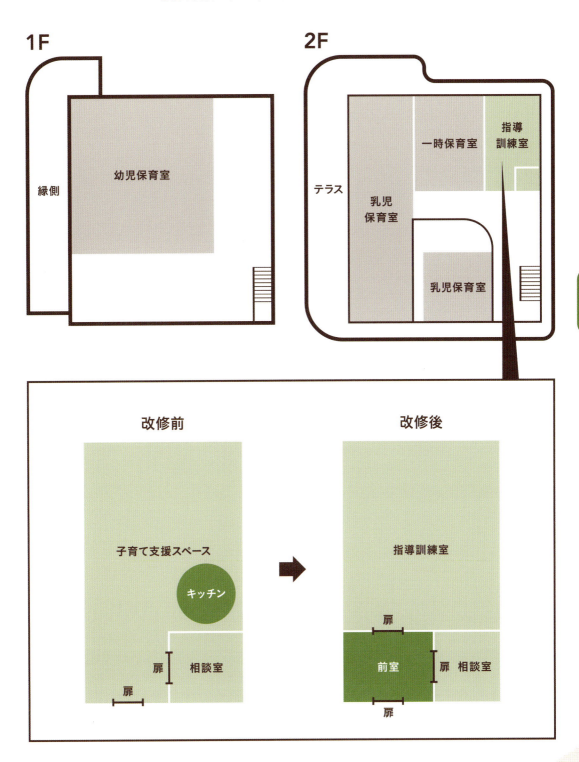

第4章 インクルーシブ保育施設をつくるには

既存の認可保育園を併設施設にするまでのモデルスケジュール

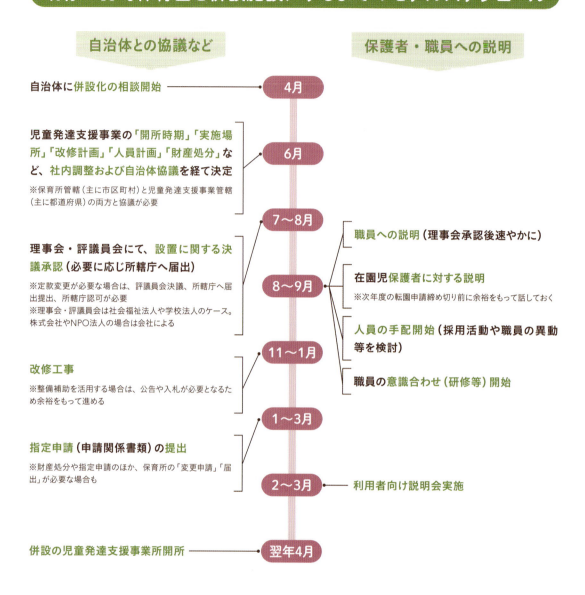

どろんこ会開発部からのポイント解説

併設化にあたっては児童福祉法のほか、建築基準法、社会福祉法や会社法など、関連する全ての法や基準を満たす必要があります。児童発達支援の基準を満たそうとするとほかの法律に干渉する、ということはしばしば起こるため、各方面の専門家と情報を共有しながら進めています。

また、職員の登録や面積基準、個人情報の取り扱いなどは、認可保育園と児童発達支援事業所で「分ける」必要があります。混ぜてよいのは提供する保育や支援だけです。計画段階から、事業ごとの明確な区分け・線引きが説明できるよう意識しています。

事前に整理しておいたほうがよいこと

開設・運営にあたっては、経営者や施設長が「併設施設をつくり、インクルーシブ保育を進めるのだ」という明確な意志をもって動き出すことが第一歩です。また、その意志、思いを自法人内に浸透させ、合意形成を進めることも必要です。さらに、自治体の担当部署への相談や協議を始める前には、園がある地域での児童発達支援のニーズや近隣施設について、あらかじめリサーチしておきましょう。

「何のためにやるのか」
思いが何よりも重要！

併設施設を始めるにあたって、何よりも重視してほしいのは、どのような思いをもって児童発達支援をやるのか、ということです。「多機能化すると経営が安定しそう」という理由だけで始めてうまくいくほど簡単なものではありません。子どもたちや地域にどのような変化を生み、法人としてどのような価値を創出していきたいのか、しっかりと方針を固めてから動き出しましょう。

● **児童発達支援のニーズ**
➡ 自治体や児童発達支援の関係者にヒアリングやリサーチすることが望ましいです。

● **法人内の合意形成**
➡ 児童発達支援を併設することを職員に説明し、併設に伴う不安などは丁寧に聞き取り、対話を進めます。

● **児童発達支援事業の開設スケジュール**
➡ 開設時期から逆算したスケジュールによって動き出す時期が決まります。

● **児童発達支援として使うスペースの決定・改修のプラン**
➡ 指導訓練室、個別相談室をどこにするのか、また必要な面積を確認しておきましょう。

● **児童発達支援の定員**
➡ 定員に応じて、必要な面積や採用するべき職員の人数も決まります。

● **収支が成り立つか**
➡ 経営が成り立たなければ、事業が続けられず結果的に職員や利用者に負担がかかります。ニーズ調査のほか、人件費や家賃などさまざまな経費の高騰を見据えた計画が必要です。

● **定款の変更**
➡ 理事会や評議員に説明を行い、理解を得てから定款を変更する必要があります。

● **建築確認（用途変更の要否、避難経路など）と消防協議（新たな別事業を行うための必要な手続きなど）**
➡ 建築確認では用途変更の要否や避難経路など、消防協議では新たな別事業を行うための必要な手続きなど、建築基準法や消防法に係る部分は計画に大きな影響を与えます。自治体との協議では触れられず、工事まで気づくタイミングがないため、早めに確認しましょう。

第4章

Q&A

Q 併設施設になることに
保育園の保護者や職員から
難色を示されませんか？

A 早い段階から丁寧な説明を
行うことが重要です

少なくともどろんこ会においては、保育園を併設施設にすることでそういったトラブルが起きたことはありません。保護者や職員など関係者の理解を得るためには、「どのような不安、不満があるだろうか」と想像をはたらかせ、早い段階から丁寧な説明を行うこと。そして対話を重ねることが大切です。

第 4 章　インクルーシブ保育施設をつくるには

実例❷ 児童発達支援センターの民営化

東大和どろんこ保育園・
子ども発達支援センターつむぎ 東大和（東京都）

既存施設の老朽化による民営化でインクルーシブ施設を新規開設

　公的施設の老朽化は近年の社会課題の一つです。子育て関連施設も例外ではなく、**公立保育園の建て替えに伴って民営化する例も増えており、児童発達支援センターでも同じような例があります。**

　東京都東大和市でも児童発達支援センター「市立やまとあけぼの学園」の老朽化による建て替えに伴い、児童発達支援センターと認可保育園などを併設する新たな子育て支援施設の整備運営法人の公募を実施。選定の結果、どろんこ会の提案が採択され、**東京都初の保育園と児童発達支援センターのフルインクルーシブ施設が2024年4月に開設**されました。このケースは、東大和市がインクルーシブ型の施設整備を目指していたこと、どろんこ会が多くの自治体でインクルーシブ型の施設を運営している実績があったこと、また、インクルーシブ保育についての省令改正もあり、自治体との協議は比較的スムーズに進みました。

児童発達支援センターが保育園を併設するメリット

東大和どろんこ保育園の定員は80人、子ども発達支援センターつむぎ 東大和の定員は30人と大規模です。人数が多いからこそ子どもどうしのかかわりがいろいろな場所でより多く生まれ、直接体験から学ぶ機会も増えます。また、児童発達支援センターのみだと利用関係者以外は立ち寄る機会が少なくなりますが、地域子育て支援センター「ちきんえっぐ」を併設したことで、誰もが気軽に来てより利用しやすい環境となりました。保護者の悩みや困りごとに寄り添う中で、必要に応じて発達支援につなげることができるのも多機能型の併設施設ならではのメリットです。

児童発達支援センターを利用する保護者への対応

児童発達支援センターを民営化前から利用していた保護者の中には、併設化により運営者や場所、職員などが変わることや、保育園の子どもとともに過ごすことに対し不安に思う方もいました。そこで、なるべく早い段階から説明会を行い、保護者の不安や疑問に丁寧に応えていきました。また開園後も子どもの様子を手に取るようにわかりやすく伝え、保護者とのコミュニケーションを密にしています。

Q&A

Q センターとの併設施設をつくる際に特に留意すべき点はありますか？

A 障害種別にかかわらず受け入れられる環境整備が必要です

児童発達支援センターは地域の中核的機能※が求められ、さまざまな障害のある子どもたちが通うことを想定する必要があります。具体的には、バギーや車いすでの活動動線、食事や排泄、医療的ケアに対し必要な空間や設備の検討等が考えられます。2024年施行の改正児童福祉法により、類型（福祉型、医療型）に一元化されたこともふまえ、障害種別にかかわらず必要な発達支援を提供できるようにすることが重要です。

※① 幅広い高度な専門性に基づく発達支援・家族支援機能、② 地域の障害児通所支援事業所に対するスーパーバイズ・コンサルテーション機能（支援内容等の助言・援助機能）、③ 地域のインクルージョン推進の中核としての機能、④ 地域の障害児の発達支援の入口としての相談機能の4つ。

第4章 インクルーシブ保育施設をつくるには

実例❸ 保育園・児発・放デイ・学童の併設

香取台どろんこ保育園・発達支援つむぎ 香取台ルーム
[児童発達支援事業所・放課後等デイサービス]・
香取台どろんこ学童保育室（茨城県）

4機能を備えた新たなインクルーシブ施設

2023年4月に開設した茨城県の香取台どろんこ保育園・発達支援つむぎ 香取台ルームは、認可保育園と児童発達支援事業所に加えて、小学生を対象とした放課後等デイサービス、さらに学童保育と、4機能をもつインクルーシブ保育・教育施設です。**どろんこ会として目指してきた、乳幼児期から学齢期までの「真に切れ目のない支援」を実現する初めての施設**となっています。

また、小学校入学後は学ぶ場を分けられ、放課後も学童保育と放課後等デイサービスで分けられる現実がある中、小学生が障害の有無にかかわらずともに過ごすことのできる貴重な場となっています。

香取台どろんこ保育園の多機能化モデルは、未就学児、小学生の枠を超え、さらに4つの施設・機能がクロスオーバーするインクルーシブ施設の新たな可能性を示しています。

学齢期の子どもたちが加わることで、より多様なかかわりが生まれています。全国からの視察も相次いでおり、保育・教育関係者の注目度の高さがうかがえます。

園児と小学生が自然にかかわる

園児が小学生の部屋に遊びに行く、小学生が保育室に来るなど、小学生と園児も自然と混ざり合い、一緒に活動しています。春休みや夏休みなど小学校の長期休暇の期間には、小学生が園児のお世話をする姿も見られます。

可動式の収納棚で
ゆるやかに空間を区切る

保育室と児童発達支援のスペース、学童保育と放課後等デイサービスのスペースの間にもちろん壁はありません。可動式の収納棚を置き、ゆるやかに空間を区切っています。

話し合う前のレイアウト
BEFORE

話し合った後のレイアウト
AFTER

収納棚は、大人の目線をさえぎらない高さのものを使用。圧迫感がなく、一つの空間としてのつながりが感じられます。

保育室は遊びのコーナーを分けるために収納棚を利用。保育園とつむぎの子は自分が遊びたい場所を選んで自由に行き来しています。

当初は学童保育と放課後等デイサービスのスペースの間に収納棚を置いていましたが、小学生たちが「サークル対話」を行った結果、棚を壁に寄せ、部屋を広く使うことになりました。

小学生ならではの取り組み

ともに過ごす時間が長くなる長期休暇、小学生は自分たちの生活に関することを自分たちで決めています。例えば、調理活動では当番を決めて米とぎとみそ汁作りを行ったり、28人分のプリンアラモードを作るために、分量を自分たちで導き出したりすることも。これらの活動も学童保育と放課後等デイサービスは一緒に行っています。

自分たちの食べるものを自分たちで用意する。小学生ならではの「生きる力」を育んでいます。

香取台小学校の隣地の約1600坪の広大な敷地に完成した多機能型施設。園庭には田んぼも畑もあり、ヤギもニワトリも暮らしています。

隣接小学校との連携

目の前にある香取台小学校は香取台どろんこ保育園と同時に開校。多くの卒園児が香取台小学校に入学します。園庭と校庭が隣接する一体感のある環境で、職員も積極的に小学校の教員とコミュニケーションを取り、切れ目のない支援につなげています。

第4章

スペシャルトーク

インクルーシブ保育の専門家から見た どろんこ会の保育

玉川大学教授・四季の森幼稚園園長　**若月芳浩 先生**

研究と実践の両面からインクルーシブ保育の推進に取り組まれ、どろんこ会が活用している学び合いのプラットフォーム「園長大学® 保育士大学」で講師を務めるなど、どろんこ会ともかかわりの深い若月先生。インクルーシブ保育の現状と未来をふまえ、どろんこ会の取り組みについて語っていただきました。

インクルーシブ保育の現状

インクルーシブ保育の実践は一般化しつつある中で、そのあり方は大変多様です。児童発達支援事業所の施設による価値観の相違や方法論の違いにとまどう保護者の姿や、園として連携を大切にしようと考えても、サービスを重視するあまり、療育的な指導や環境が形成されていない実践を垣間見ることが多くなってきました。障害のある子どもの居場所や保護者の安心感を醸成する意味においては、社会的に大変重要な位置づけになっていることは確かですが、保護者が行き来する頻度が高まっていたり、園の方針と児童発達支援事業所の方針との間に挟まれ、困惑する保護者の姿に出会うことが多くなっているのは私の園だけではないと思います。

インクルーシブ保育の具現化

そのような状況が社会の混乱を招いている中で、どろんこ会の取り組みに出合いました。インクルーシブ教育システムや共生社会の理念は、障害者の権利条約の批准や2012年の文部科学省による特別支援教育の推進によって日本の教育界に新たな視点や取り組みの可能性を示してはいますが、現実的には学校や園に委ねられている実情があります。結果として、園の取り組みや保育のあり方が、乳幼児の育ちによりよく働きかけているのかについても疑問が生じます。

どろんこ会は、このような社会の実情に対して、かなりインパクトのある方向性で具体的な実践に取り組んでいます。その中核になるのがインクルーシブ保育です。インクルーシブとは、包摂・包括などに訳されますが、障害の有無にかかわらず、個々のもつ特性や困難さに合わせて包み込むような保育を実践することが必要です。言葉でいうのは簡単ですが、具体的な実践には困難が伴う場合もあれば、保育者に深い悩みを引き起こす可能性もあります。しかし、園としての組織のあり方や園内の連携によって、乳幼児の個々の確実な育ちを丁寧に保障することや保護者の安心感、そして育ちを小学校に接続することが可能になるのです。

世界につながる
インクルーシブな方向性

　私は2022年までの間に、ニュージーランドの保育施設などに行く機会が3回ありました。特に印象に残っているのは、2022年に特別支援を中心に視察したときのことです。小学校から高校までの私立の学校で、特別支援に力を入れていると現地で紹介していただき、訪問しました。そこまで大きな学校ではありませんが、支援が必要なタイプの児童・生徒と定型発達の児童・生徒が、同じ場所でパソコンを中心にした学習を教室で行っていました。ある時間になるとみんなが移動を始めて、各自が自分で行動して場所を決めていました。そこには、日本のように「支援が必要な人」としての対応ではなく、まさに多様な児童・生徒が自分の力量をしっかり認知しており、教師も彼らの好きなことや苦手なことをしっかり理解していて、違和感なく多様性のある姿が混在していたのです。

　日本では、就学前の教育・保育はこの状況にかなり近いものの、義務教育課程に入ると分離になってしまいます。ニュージーランドの学校で見た光景は、日本での実現は困難かもしれませんが、就学前には可能であると強く感じました。

未来に向けて

　本書で紹介されているどろんこ会の施設は、前述のようなインクルーシブ保育の具現化が可能になっていると感じることが多くあります。法人の理念からも、インクルーシブ保育の本質でもある、エクスクルージョンが起きない施設運営を目指していることがしっかり見てとれます。そのうえで、今後に向けては、インクルーシブ保育の中で、乳幼児がどのようなプロセスを経て育ち、それが小学校につながり、さらに保護者の安心感を醸成することが可能になっているか。この点について具体的な実践の中からまとめられ、一般化できるようになると、どろんこ会の取り組みが多くの方に認知されるだけでなく、共生社会の形成に必要な取り組みにつながるであろうと確信しています。

若月芳浩（わかつき・よしひろ）
玉川大学大学院教育学研究科長、同教育学部乳幼児発達学科教授、学校法人育愛学園理事長・四季の森幼稚園園長。平成15年、旧香蘭幼稚園園長に就任。聖ヶ丘教育福祉専門学校、和泉短期大学非常勤講師等を経て、現職。日本保育学会理事、日本自閉症スペクトラム学会会員、日本乳幼児教育学会会員、子どもと保育総合研究所所員。著書に『「インクルーシブな保育」導入のススメ』（中央法規出版）、『保育の変革期を乗り切る園長の仕事術』『採用と育成の好循環を生み出す園長の仕事術』（編著、中央法規出版）、『新しい保育講座14 障害児保育』（編著、ミネルヴァ書房）などがある。

第4章 インクルーシブ保育施設をつくるには

インクルーシブ保育問答集

インクルーシブ保育について、新たに併設施設を開設したい事業者や自治体、職員、保護者などから聞かれることの多い疑問、質問について、どろんこ会がどのようにお答えしているかをご紹介します。インクルーシブ保育を志すための助けとしていただければ幸いです。

事業者・自治体・職員・保護者からよくある質問

Q 療育はいつ行うのですか？

A

そもそも私たちは「療育」という言葉を使いません
さまざまな子どもどうしのかかわりこそが支援であると説明します

　視察や見学の際に、必ずといっていいほど聞かれる質問です。私たちは、専門士と子どもが1対1で、室内で個別にカードや教具を使ってトレーニングをすることだけが療育であり支援である、とは考えていません。
　保育園とともに生活する環境においては、室内での個別支援では生まれ得ないさまざまな出来事が子どもどうしのかかわりで起こります。そういう出来事の一つひとつを貴重な支援の機会ととらえています。
　つまり、いつ支援をしているのかというと、**園での生活全てが支援の時間**といえます。「混ざって遊んでいる時間は支援ではないのでは？」といわれることもいまだ多くあります。しかし、子どもたちの心と体が成長するのは、「自分で」やりたい、挑戦してみたいと思うときであり、大人に指示されたり、強制されたりしているときではないのです。だからこそ、**ともに過ごす子から刺激を受け、時には真似をしながら学び、「やってみたい」につながるような時間が大切なのです。**
　もちろん、つむぎを利用するお子さんには、個別支援計画をもとに必要な個別支援も行っていますが、夕方・土曜日に行うよう配慮し、平日の昼間は太陽の下・戸外で本物の経験を得ながらさまざまな子どもや大人たちと過ごすことを基本としています。

自治体からよくある質問

Q 子どもどうしのトラブルや保護者からのクレームはありませんか？

A

自治体の懸念点の多くは どの園でも起こりうることです

　近年、児童発達支援事業所と保育園のインクルーシブ型施設は推進していくべきものだという認識をもつ自治体がようやく増えてきました。一方で自治体との協議において、これまでにないトラブルが発生するのではないかと不安を抱く声も聞かれます。自治体から出る懸念で多いのは、下記の2点です。いずれも**「インクルーシブ型施設だから」**ではなく、あらゆる保育施設で留意するべき点だと考えています。

「児童発達支援事業所に通う子が保育園児にケガをさせるのではないか？」

併設施設でなくても、子どもどうしのもめごとでケガをすることがないように、職員が常に目配りをするのは当然のことではないでしょうか。ケガをするとしたら、それは児童発達支援事業所との併設だからではなく、保育・支援そのものに原因があるとどろんこ会なら考えます。

「衝動性の高い子が施設から抜け出すリスクがあるのではないか？」

抜け出しのリスクは全ての保育施設が想定するべきことで、併設施設だからということはありません。例えば、どろんこ会の施設では入口を必ず二重扉にしています。併設施設だから特別にセキュリティを高くしているということはありません。

第4章

第 4 章 インクルーシブ保育施設をつくるには

つむぎの保護者からよくある質問

**Q インクルーシブ保育は通常の療育より
できるようになることが増えますか?**

A

目先のできることを増やすだけではなく、
子どもの先の人生を見据えた「生きる力」を育みます

　つむぎを利用する保護者から「遊んでいるだけでは、小学校に行ってから困るのではないか」との不安から、就学前に「座って食事ができるようになってほしい」「一人でトイレに行けるようになってほしい」などの希望を聞くことがあります。

　子どもにとっては遊びこそが豊かな学びの場となります。「好きな遊び」や「興味をもてること」がたくさんある子は、そこから興味の幅を広げて、「あれもやってみたい」「これもやってみたい」という意欲につなげられます。また、長時間椅子に座っていられないという場合、体幹を整えるために体をたくさん動かすような遊びを取り入れていきます。

　だからこそ、乳幼児期にさまざまな興味・関心をもち、疑似体験ではなく直接体験をすることが大切です。

　また、困ったときには助けてもらったり、頼ったりができる経験を積むことも大事です。どろんこ会のインクルーシブ保育においては、**他者との協働、感情のコントロール、目標の達成という3つの要素が求められる環境設定のもと子どもたちを見守ること**で、非認知能力を育みます。これが小学校の学習指導要領でも目指されている「生きる力」なのです。

保育園の保護者からよくある質問

Q インクルーシブ保育では活動や行事など、できることが限られませんか？

A

活動や行事が限られることはありません

　多くの保護者は障害のある子も一緒に同じ環境で生活していくことを理解したうえでどろんこ保育園を選んでくださっているので「いろいろな人がいる環境の中で育つのは大事ですよね」と共感してくださいます。一方、「混ざり合うことで本来できるはずの活動ができなくなるということはないのでしょうか？」といった質問を受けることもあります。

　活動や行事は子ども本人が参加するか、しないかを決めてよいものと考えていますが、職員は一人ひとりの「やりたい」や興味・関心に合わせてどうすればよいかを考えます。むしろ職員にとっては、活動や行事を柔軟に行うためのアイデアの引き出しが増えます。

　また、もし参加したいけれども参加ができないという子がいるときには、ほかの子どもたちもどうしたらよいかを考えてサポートしてくれます。

第4章

第 4 章 インクルーシブ保育施設をつくるには

事業者からよくある質問

Q 保育園と児童発達支援事業所の職員が衝突しがち。どうしたらよいでしょうか？

A

衝突もチームの成長の機会ととらえています

　保育・支援の方法や考え方に対して納得がいかなかったり、ぶつかったりする場合、**子どもどうしのかかわりから育ち合う姿を目の当たりにすることが、解決の一番の近道**です。子どもの変化、成長を見て、職員は自分のあるべき姿を理解し、思いを一つにしていくようになります。

　一方で、新たに併設施設を立ち上げる際、そもそも**保育園とつむぎの職員は「混ざる」ものではなく、最初から「一つ」である**ことも伝えます。開園前に行う年間計画策定会議をはじめ、顔を合わせる場では同じ方向を向いて進んでいくことを施設長からも日々話します。組織マネジメントにおいては、職員どうしが会話、対話ができる環境を整えることが大事です。お互いが強みも弱みも見せ合いながら理解を深めることで、チームとなるのではないでしょうか。

　とはいえ、どれだけ準備を重ねて万全の体制で開園を迎えたとしても、職員どうしの衝突は起こりえます。その**衝突を避けることなく、それぞれの思いを伝え合い、対話を通じてお互いの理解を深めることで、チームとして成長していく**と考えています。

事業者 からよくある質問

Q 職員の話し合いの時間を
どうやってつくっていますか？

A

シフトコントロールで余裕を生み出します

　インクルーシブ保育を成立させるには、職員どうしのコミュニケーションが肝になります。そのため、シフトを考える際には、事務時間を確保しつつも、余裕をもって会話や対話ができるような時間をつくります。

　シフトコントロールが生み出す「余裕」には二つあります。一つは職員の話し合いの時間、もう一つは職員の心の余裕です。また、子どもを肯定的に見ていく視点で話し合えることも大事です。それには職員自身の心のゆとりが必要です。切羽詰まった気持ちでは、話し合いの時間をもつことができても業務連絡や申し送りのみとなってしまい、子どものことをゆっくりと話すことがなかなかできません。

　心にゆとりをもつためには、**休憩やノンコンタクトタイムの時間をしっかり確保する必要があります。**そのために施設長は、日々の保育の中で子どもがどう動いているかを細かく把握したうえで、職員がどこで何をするかが明確なシフトを組み、役割分担と指示を行うことが重要になります（→P.90、91）。

第4章

第4章 インクルーシブ保育施設をつくるには

事業者からよくある質問

Q 保育園と児童発達支援事業所の施設長が
うまくいくためにはどうすればよいですか？

A

お互いが「主」となり役割分担し、
相談し合える関係性をつくるようにしています

　併設施設の場合、保育園、つむぎそれぞれに施設長がおり、どちらかの施設長が統括施設長を担います。現在は保育園の施設長が統括していることが多いです。統括施設長は双方の施設についてよく理解していなければなりません。例えば、**保育園の施設長が統括施設長になる場合は、つむぎの職員の事務仕事の量や悩みについても把握していることで、シフトコントロールも可能となります。また、児童発達支援事業所は安定した運営のために稼働率も重要です。統括施設長が状況を理解していることで、双方で協力体制をとることができます**。とはいえ、保育園が施設の「主」の位置づけになるわけではない、ということも忘れてはいけません。

　何より、**園・つむぎの施設長がお互いに我慢をせず、言いたいことを言い合えるようコミュニケーションを取り、相談し合える関係性をつくることで、風通しのよい施設となる**のではないでしょうか。

保育園・つむぎの保護者からよくある質問

Q 障害のない子にとって、インクルーシブな環境のよさとは何でしょうか?

A

いろいろな人がいる中で より多様な経験ができることです

　まず、一ついえるのは「いろいろな人がいる環境で育つ」ことに大きな意味がある、ということです。**子どもたちはお互いを障害児・健常児といった見方や区別をしません。ともに暮らす相手を一人の人として尊重し、仲間として受け入れています。**それぞれが「自分らしく、ありのまま」でよいと思える環境において、みんなが同じではないことが当たり前になります。そして、同じ施設にいる友だちとして、一緒に生活して遊ぶために、何か困っていたらお互いに助け合います。

　安心して過ごせる場において、子どもは我慢せずに感情を出すことができます。もし感情が高ぶり怒っている子がいたとしても、怒っている子はどう折り合いをつけるかを学ぶ機会となり、まわりの子は相手の気持ちを想像し、理解しようとします。今後、多様な人とともに学んだり働いたりしていくうえで大切な経験となります。

　どの子もともに育つ中で頼り合い、ぶつかり合い、手を差し伸べ合うことを経験し、困ったときにSOSをまわりに伝えられ、助け合える人に育っていけること。それがインクルーシブな環境のよさと考えています。

　そもそもインクルーシブ保育とは、障害の有無はもとより、性別、国籍などを問わず全ての子が対象です。どろんこ会が実践しているインクルーシブ保育は、どの子にも当たり前に必要な保育なのです。だからこそ、私たちはいずれ「インクルーシブ保育」という言葉そのものが不要となることを願っています。

第4章

著者 社会福祉法人どろんこ会

どろんこ会グループ（社会福祉法人どろんこ会、株式会社ゴーエスト、株式会社日本福祉総合研究所、株式会社南魚沼生産組合、株式会社Doronko Agri）は、全国約180箇所※に認可保育園や認定こども園、認証保育所、事業所内・院内保育所、学童保育室、地域子育て支援センター、児童発達支援センター、児童発達支援事業所、放課後等デイサービス、就労継続支援B型事業所などを運営しています。1998年に安永愛香と高堀雄一郎夫妻が創業して以来、体験型保育・自然保育・異年齢保育・インクルーシブ保育を通じ、次代を担う子どもたちの「にんげん力」を育み、0歳から人生を終えるその時まで、誰もがよく生きられる社会を創ることを目指しています。

※2025年4月現在

子どもも大人も混ざり合う

児童発達支援×保育所等の併設で創る インクルーシブ保育

2025年4月20日　発行

著　　　者	社会福祉法人どろんこ会
発 行 者	荘村明彦
発 行 所	中央法規出版株式会社
	〒110-0016　東京都台東区台東3-29-1　中央法規ビル
	Tel 03 (6387) 3196
	https://www.chuohoki.co.jp/
印刷・製本	TOPPANクロレ株式会社
デ ザ イ ン	鳥住美和子、高橋明優（株式会社chocolate.）
編 集 協 力	古川はる香、株式会社KANADEL
校　　　正	夢の本棚社
写 真 協 力	キッチンミノル、中村隆一
図 表 提 供	Doronko LABO®

定価はカバーに表示してあります。
ISBN978-4-8243-0202-1

本書のコピー、スキャン、デジタル化等の無断複製は、著作権法上での例外を除き禁じられています。また、本書を代行業者等の第三者に依頼してコピー、スキャン、デジタル化することは、たとえ個人や家庭内での利用であっても著作権法違反です。
落丁本・乱丁本はお取り替えいたします。

本書の内容に関するご質問については、下記URLから「お問い合わせフォーム」にご入力いただきますようお願いいたします。
https://www.chuohoki.co.jp/contact/